手紙・メールの
スペイン語

カルロス・アルバロ・ベルチリ 著
リベラルテ 訳・監修

 español

SANSHUSHA

はじめに

　「スペイン語圏の友達にスペイン語で思いを伝えたい。でもどんな風に書けばいいのか分からない」「文法はだいたい理解しているが、フォーマルなメールを正しく書く自信がない」「DELE（外国語としてのスペイン語検定試験）の作文対策に使える手紙の表現を知りたい」…スペイン語を勉強している生徒から、スペイン語で書くことに関する相談をよく受けます。

　本書は、カジュアルなプライベートのメール、フォーマルなオフィシャルメール、手書きのポストカード、SNSで使うショートメッセージの4つのカテゴリーに分かれています。いずれも、よくやりとりされるテーマや状況を設定し、ネイティブが使う自然なスペイン語で文例を作成しています。それぞれの基本的なルールや文書構成を学ぶだけでなく、語彙力を磨き、言い回しなどの表現力を身に付けながら、正しい文法事項を確認でき、さらに文化についても知ることができます。

　まず、プライベートのメールとオフィシャルメールの章では、各メールからの文例から役に立つ表現を4つ抽出し、それぞれ2つのバリエーションを掲載しています。そこでは同じ状況で使えるニュアンスの異なる表現を学習できます。また、ポイントのコーナーでは、教科書にはあまり出てこない文法の説明や単語、文化の話なども盛り込んでいます。次に、ポストカードでは、誕生日やクリスマスに使えるフレーズを紹介しています。さらに、メールより手軽で迅速なやりとりが可能なSNSで使うショートメッセージも紹介しています。私たちスペイン語ネイティブが、普段よく使っているフレーズを紹介していますので、メールとは違った短い口頭表現が学べます。

　本書によって、スペイン語で書くことがより身近に気軽に楽しめるようになることを望んでいます。また、その結果、ネイティブとの良好なコミュニケーションと信頼関係の構築につながれば、これ以上うれしいことはありません。
さあ、スペイン語でメールを書いてみませんか？　¡A escribir!

カルロス・アルバロ・ベルチリ

ページの構成

テーマ

場面の説明

テキスト例

テキストからの主要な文

ポイント
スペイン語独特の表現や、文法上の留意点について解説します。
また、スペインの文化や習慣も紹介しています。

❶～❹の言い換え表現
本文中の❶～❹の言い換え表現を2文ずつ紹介します。

翻訳
自然な日本語になるよう、意訳している部分があります。

第1章　手紙・メールの書き方 ……9
コラム1　スペイン語の入力方法 ……32

第2章　プライベートのメール ……33
✉01　「久しぶり！　元気？」相手の状況を尋ねる `DELE` ……34
✉02　「メールありがとう。元気だよ」近況報告する ……36
✉03　「返事がないので心配しています」メールの返信がなく心配する ……38
✉04　「返事が遅くなってごめんなさい」詫びる ……40
✉05　「誕生日パーティーに来ませんか？」招待する `DELE` ……42
✉06　「喜んで参加します」招待を受ける ……44
✉07　「残念ですが参加できません」招待を断る `DELE` ……46
✉08　「パーティー楽しかったよ」招待のお礼を伝える `DELE` ……48
✉09　「プレゼントありがとう」贈り物のお礼を伝える `DELE` ……50
✉10　「お世話になりました」旅先で世話になったお礼を伝える ……52
✉11　「メキシコに行く予定です」旅行の予定を知らせる `DELE` ……54
✉12　「楽しみにしています」訪問を喜ぶ ……56
✉13　「行けなくなりました」予定の延期・中止 `DELE` ……58
✉14　「ルームメートのことで相談があります」悩みの相談 ……60
✉15　「…してみたらどう？」アドバイスする ……62
✉16　「…してもらえませんか？」頼みごとをする `DELE` ……64
✉17　「大丈夫ですよ」頼みを引き受ける ……66
✉18　「残念ながら…」頼みを断る ……68
✉19　「結婚します」結婚の報告 ……70
✉20　「結婚おめでとう」友人の結婚を祝う ……72
✉21　「子供が生まれました」出産報告 ……74
✉22　「出産おめでとう！」子供の誕生を祝う ……76
✉23　「お大事に」病気の友人を見舞う ……78
✉24　「離婚します」離婚の報告 ……80
✉25　「元気出して」離婚に悩む友達を励ます ……82
✉26　「亡くなりました」身内の不幸を伝える ……84

- ✉ 27 「ご愁傷さまです」お悔やみを伝える ……………………………………… 86
- ✉ 28 「大丈夫ですか？」災害の状況を尋ねる ……………………………… 88
- ✉ 29 「心配してくれてありがとう」災害の状況を伝える ………………… 90
- ✉ 30 「新しいメールアドレスです」メールアドレス変更の報告 ………… 92
- ✉ 31 「オススメ小説です」友人に本を紹介する DELE ……………………… 94
- ✉ 32 「どうして来なかったの？」怒りを伝える …………………………… 96
- ✉ 33 「ごめんなさい」怒らせた相手への謝罪 ……………………………… 98
- ✉ 34 「迷惑掛けてごめんなさい」謝罪する ………………………………… 100
- ✉ 35 「気にしないで」謝罪に対しての返信 ………………………………… 102
- ✉ 36 「私とお付き合いしてください」好きだと告白する ………………… 104
- ✉ 37 「友達のままでいよう」告白を断る …………………………………… 106

コラム2　略語・顔文字 …………………………………………………………… 108

第3章　オフィシャルメール ……………………………………………………… 109

- ✉ 38 「講座について教えてください」語学学校への問い合わせ DELE …… 110
- ✉ 39 「ホームステイについて教えてください」宿泊先の情報依頼 ……… 112
- ✉ 40 「大学院入学を希望します」大学への問い合わせ DELE ……………… 114
- ✉ 41 「入学許可書を送ってください」書類の催促 ………………………… 116
- ✉ 42 「ホームステイでお世話になります」ホストファミリーへのごあいさつ … 118
- ✉ 43 「クラスの変更を考えています」語学学校の先生への相談 ………… 120
- ✉ 44 「推薦状を書いていただけますか？」推薦状の依頼 ………………… 122
- ✉ 45 「ツアーについて教えてほしい」ツアーの問い合わせ ……………… 124
- ✉ 46 「ツアーをキャンセルします」申し込みの変更や取り消し ………… 126
- ✉ 47 「航空券の手配をお願いします」航空券の予約 ……………………… 128
- ✉ 48 「サッカーの観戦チケットをください」サッカーチケットの予約 … 130
- ✉ 49 「お部屋は空いていますか？」ホテルへの問い合わせ・予約 ……… 132
- ✉ 50 「マンションを借りたいのですが」物件の問い合わせ ……………… 134
- ✉ 51 「見積もりをお願いします」見積もりをとる ………………………… 136
- ✉ 52 「注文します」商品を注文する ………………………………………… 138
- ✉ 53 「お支払いのお願い」代金支払いの催促 ……………………………… 140

✉ 54 「教科書のCDが壊れていました」商品の交換・返品の依頼 DELE ……… 142
✉ 55 「お詫び申し上げます」商品へのクレームに謝罪する DELE ……… 144
✉ 56 「商品が届いていません」納品の確認 ……… 146
✉ 57 「求人広告を見て連絡いたしました」募集への問い合わせ・応募 DELE ……… 148
✉ 58 「面接にお越しください」求人応募者への返信 ……… 150
✉ 59 「貴社にお伺いしたいのですが」アポイントを取る ……… 152
✉ 60 「お待ちしております」アポイントを受ける ……… 154
✉ 61 「お世話になりました」視察先にお礼を伝える ……… 156
✉ 62 「翻訳をお引き受けいたします」業務請け負いに関する連絡 ……… 158
✉ 63 「料理教室に申し込みます」イベントへの参加申し込み DELE ……… 160
✉ 64 「スペイン語を教えてください」ネットで先生を探す ……… 162
✉ 65 「部屋にカメラを忘れました」忘れ物の問い合わせ DELE ……… 164
✉ 66 「メールは届きましたか？」受信確認と返信の催促 ……… 166
✉ 67 「休業させていただきます」夏季休業のお知らせ ……… 168
✉ 68 「急な事情でできなくなりました」仕事や依頼のキャンセル DELE ……… 170
✉ 69 「エアコンが壊れています」修理のお願い ……… 172
✉ 70 「賠償を要求したい」旅行会社へのクレーム DELE ……… 174
✉ 71 「対策をとっていただけないでしょうか？」市役所への要求 DELE ……… 176

コラム3　履歴書 ……… 178
コラム4　ビジネスで使える表現 ……… 180

第4章　カード ……… 181

✉ 72 「夏休みをイビサで過ごしています」旅先からのポストカード ……… 182
✉ 73 「誕生日おめでとう！」誕生日を祝う ……… 184
✉ 74 「ハッピーバレンタイン」彼氏・彼女への想いを伝える ……… 186
✉ 75 「メリークリスマス！」クリスマスと新年を祝う ……… 188
✉ 76 「結婚式に招待します」結婚の報告と挙式・披露宴の案内 ……… 190

コラム5　おめでとうのひと言 ……… 192

第5章　ショートメッセージ ……………………………………… 193

- ✉ 77 「ご飯でも食べに行かない？」夕食に誘う ……………………………… 194
- ✉ 78 「どこで食べる？」レストランを決める ………………………………… 195
- ✉ 79 「待ち合わせはどうする？」待ち合わせについて決める ……………… 196
- ✉ 80 「遅れそう」遅れることを伝える ………………………………………… 197
- ✉ 91 「着いたよ」到着していることを伝える ………………………………… 198
- ✉ 82 「君も来ない？」お茶に誘う ……………………………………………… 199
- ✉ 83 「引っ越しパーティーに来ない？」パーティーに誘う ………………… 200
- ✉ 84 「最高の１日だったわ」パーティーのおもてなしに感謝する ………… 201
- ✉ 85 「きっと合格するよ」受験前日、友人を励ます ………………………… 202
- ✉ 86 「おめでとう！」合格した相手を祝う …………………………………… 203
- ✉ 87 「落ちた！」試験の結果を知らせる ……………………………………… 204
- ✉ 88 「お大事に！」体調の悪い相手を気遣う ………………………………… 205
- ✉ 89 「良い旅行を！」旅行に行く友人にメッセージを送る ………………… 206
- ✉ 90 「無事戻ってきた？」旅行から帰ってきた相手に連絡する …………… 207
- ✉ 91 「お迎えに行ってくれる？」夫に子供のお迎えを頼む ………………… 208
- ✉ 92 「妊娠しました」妊娠の報告をする ……………………………………… 209
- ✉ 93 「別れちゃった」彼氏と別れたことを報告する ………………………… 210
- ✉ 94 「フリオがテレビに出るって！」驚きのニュースを伝える …………… 211
- ✉ 95 「マルタのメールアドレス教えて」メールアドレスを聞く …………… 212
- ✉ 96 「レストランの名前を教えて」お店の名前を聞く ……………………… 213
- ✉ 97 「写真見た？」SNSにアップした写真の件で連絡する ………………… 214
- ✉ 98 「車貸してくれる？」貸してほしいとお願いする ……………………… 215
- ✉ 99 「寝ちゃってた」寝落ちして返信が遅れたことを詫びる ……………… 216
- ✉ 100 「あけましておめでとう」新年のあいさつをする …………………… 217

場面別表現索引 ……………………………………………………………… 218

DELE はDELE（外国語としてのスペイン語検定試験）の「西作文」の問題でよく扱われるテーマです。

第1章

手紙・メールの書き方

1 ▶ メールの基本構成

　スペイン語のメールは、件名 asunto、頭語 saludo、本文（書き出し・主文・結びのあいさつ）cuerpo、結語 despedida、署名 firma などの要素で構成されます。手書きの手紙の場合とさほど変わりませんが、メールには最初に必ず件名が入ります。内容がひと目で分かるような端的な言葉を選び、冠詞は省略して構いません。頭語は日本語の「拝啓」や「前略」、結語は「敬具」や「草々」に相当する部分で、相手との間柄や状況に合わせて使い分けます。本文の書き出しは、簡単なあいさつやお礼、メールの用件について述べます。日本語のメールのような時候のあいさつは不要です。主文では、メールの本題を書きます。分かりやすく伝えられるよう、要点を明確にして、できるだけ短文で簡潔に書くことが大切です。そして、末文にあたる結びのあいさつでは、用件の確認や念押し、感謝を手短に述べて、メールを締めくくる結語につなげます。最後に署名として、自分の名前・会社名・連絡先などを記載します。

▶▶プライベートのメールの例（✉01）

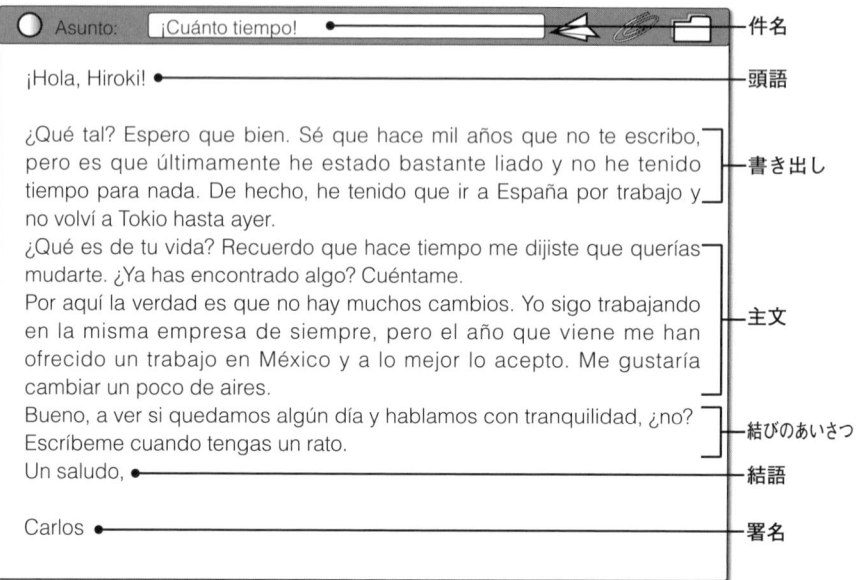

なお、本書のメール文例は、基本的に「プライベートのメール」と「オフィシャルメール」に分かれています。「プライベートのメール」は、友達や知人、家族や恋人とのカジュアルなやり取りです。つまり二人称の tú を使ったメールを「プライベートのメール」としています。形式にもこだわりすぎず、話し言葉と同じように自由に書かれています。

「オフィシャルメール」は、企業間のビジネスメール、個人と海外企業・留学先などとのフォーマルなやり取りです。つまり三人称の usted を使ったメールを「オフィシャルメール」としています。このタイプのメールは、形式やルールに従って書くことが大切で、それによってコミュニケーションが円滑になり、より良い信頼関係を築くことができます。

▶▶オフィシャルメールの例（✉55）

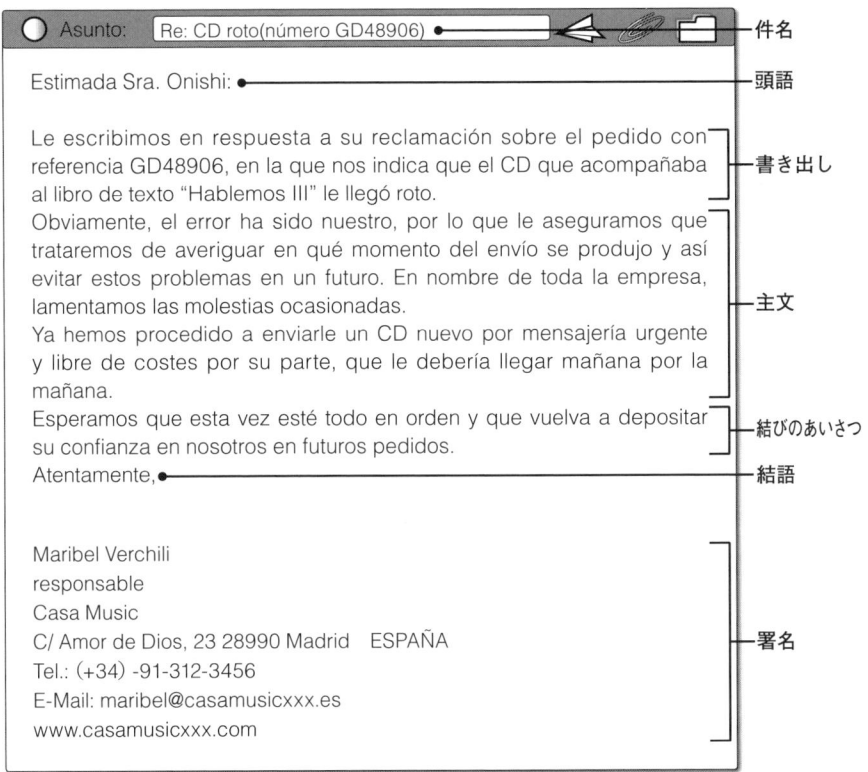

メールの基本構成のうち、頭語、書き出し、結びのあいさつ、結語はメールの種類や内容、相手との距離感に応じて、使用する言葉や書き方も違ってきます。それぞれフォーマルなオフィシャルメールの場合と、カジュアルなプライベートのメールの場合とに分けて紹介します。

頭語

▶▶オフィシャルメールの場合

日本語の「拝啓」や「前略」にあたる部分で、いわゆる文頭の呼び掛けです。相手との関係性や状況に応じて適切な頭語を使い分けます。決して省略されることはありません。フォーマルなメールの頭語では主に名字を書きます。そして最後には必ずコロン：を付けます。

Estimado Sr. 名字： Estimada Sra. 名字： 例 Estimado Sr. Gómez:	フォーマルなメールの一般的な頭語です。Estimado/aの後にSr. Sra.の敬称を付け、次に名字を書きます。(Sr.はseñor、Sra.はseñoraの略)

Estimado profesor 名字： Estimada profesora 名字： 例 Estimado profesor Villoria: 　 Estimada profesora:	役職や肩書を付けることもできます。相手が教師の場合は、Estimado/aの後にprofesor/aを付け、次に名字あるいはフルネームを書きます。また単にprofesor/aで終わる場合もあります。

Estimados señores:	担当者など相手の氏名が分からず、また男性か女性かも不明な場合によく使います。

Apreciado Sr. 名字： Apreciada Sra. 名字： Distinguido Sr. 名字： Distinguida Sra. 名字： 例 Apreciado Sr. García: 　 Distinguida Sra. López:	Estimado/aよりさらにフォーマルな頭語です。Apreciado/aは「高く評価された」、Distinguido/aは「卓越した・著名な」という意味があります。 また、企業が顧客に対して案内メールを送る場合、Apreciados clientes や Distinguidos clientesをよく使いますが、前者は「私たち（会社）の大切なお客様」、後者は「一般客とは異なる選ばれた上得意様」という意味です。

1　手紙・メールの書き方

▶▶プライベートのメールの場合

　メールの内容や相手との間柄によって使い分ける必要があります。プライベートのメールの頭語は、名前を書きます。また、頭語自体がない場合もあります。

Hola, 名前： ¡Hola, 名前！ 例 Hola, Julio: 　¡Hola, María!	友人あてのカジュアルなメールでよく使う一般的な頭語です。「Hola, 名前, ¿qué tal?」のように、頭語とあいさつが続く場合もあります。

¡Hola a todos!	複数の友人や知人にあてたメールで使います。一斉メールでパーティーの案内を出すときなどに使います。

Querido/a 名前： Mi querido/a 名前： Estimado/a 名前： 例 Querida Elena: 　Mi querido José: 　Estimado Alfonso:	Querido/a, Estimado/aは、Holaよりもフォーマルな場面で使います。Querido/aには「愛された、望まれた」、Estimado/aには「評価された、尊重された」という元の意味が込められています。普段はHolaでやり取りしている間柄でも、結婚や出産、身内の不幸など特別な報告をあらたまってするとき、また個人的な相談やお願い事をするときに使うこともあります。

　プライベートのメールは、オフィシャルメールと比べると自由で、さほど形式にもこだわらないので、頭語が省略されることもあります。

✉ 12　¡Cuánto tiempo, Atsuko!　（アツコ、久しぶりね！）
✉ 15　¿Cómo estás, Takahiro?　（タカヒロ、元気にしてる？）
✉ 20　¡Holaaaaaa!　（こんにちはーーー！）

013

書き出し

▶▶オフィシャルメールの場合

　時候のあいさつではなく、主文に入る前に何の目的で書いているのかをはっきりと述べます。謝罪する場合はここに書きます。初めて送る相手へのメールでは自己紹介を、その後のやり取りでは、簡単なあいさつやメールのお礼を書きます。

✉38　Me dirijo a ustedes porque... （…についてお尋ねいたします）
✉39　Me llamo Norihiro Yamada y soy japonés.
　　　（私はヤマダ・ノリヒロと申します。日本人です）
✉52　Muchas gracias por enviarnos el presupuesto con tanta rapidez.
　　　（早速お見積もりを送付していただきありがとうございます）
✉54　Me pongo en contacto con ustedes con relación al pedido número...
　　　（注文番号…に関してご連絡いたします）
✉70　Le escribo para comunicarle mi descontento con el viaje.
　　　（旅行に関して不満があり、ご連絡いたします）

▶▶プライベートのメールの場合

　まずは簡単なあいさつ、相手の健康や安否を尋ねる言葉、自分の近況、メールした理由を書きます。また急を要するメールでは、書き出しは省略してすぐ主文に入ることもあります。

✉02　¡Qué bien recibir noticias tuyas!（君から連絡もらえてうれしいよ！）
✉03　¿Cómo estás?（元気ですか？）
✉06　Gracias por la invitación.（ご招待ありがとう）
✉23　¿Cómo te encuentras?（体調はどう？）
✉28　Me acabo de enterar por las noticias del gran terremoto.
　　　（大きな地震が起きたってニュースで知ったよ）

結びのあいさつ

▶▶ オフィシャルメールの場合

用件のまとめや確認、返信や対応のお願いを書きます。また相手に良い印象を与え、信頼関係の構築を意識した丁寧な言葉も書き添えましょう。

✉38　Muchas gracias de antemano.（どうぞよろしくお願いいたします）
✉39　¿Podrían enviarme información al respecto?
　　　（この件に関して教えていただけますか？）
✉52　Esperamos que esto sea el principio de una larga y fructífera relación comercial.　（今度とも末永くよろしくお願い申し上げます）
✉55　Esperamos que esta vez esté todo en orden y que vuelva a depositar su confianza en nosotros en futuros pedidos.
　　　（二度とこのようなことがないよう信頼回復に努めますので、今後ともご利用のほどよろしくお願いいたします）

▶▶ プライベートのメールの場合

メールを締めくくる部分です。「また連絡するね」「ありがとう」「近々会おう」「これからもよろしくね」とか、相手の健康や活躍を祈る言葉を書きます。相手のことを思いやり、良好な関係につながるメッセージを書き添えましょう。

✉06　Tengo muchas ganas de veros a todos otra vez.
　　　（また皆に会えるのを楽しみにしてるわ）
✉09　Te escribo cuando todo esté ya un poco más tranquilo.
　　　（ちょっと落ち着いたらまたメールするね）
✉10　Bueno, seguimos en contacto.　（じゃあ、これからも連絡を取り合おう）
✉15　No dudes en contactarme si necesitas cualquier cosa.
　　　（また何かあったら遠慮なく言ってね）
✉18　Mucha suerte con el trabajo.　（仕事の件、幸運を祈っています）
✉20　Espero que seáis muy felices.　（二人ともどうかお幸せに）

結語

日本語の「敬具」や「草々」などにあたる部分です。頭語と同様、メール相手との間柄や状況に応じて使い分ける必要があります。

▶▶オフィシャルメールの場合

> Atentamente,
> Cordialmente,
>
> Un saludo cordial,
> Un atento saludo,
> Un cordial saludo,
> Saludos cordiales,
>
> Le saluda atentamente,
> Le saluda cordialmente,
> Les saluda atentamente,
> Les saluda cordialmente,
>
> Reciba un saludo muy cordial,
> Reciban un cordial saludo,
>
> Le saludo muy cordialmente.
> Nos despedimos atentamente.

また、結語が結びのあいさつとつながっているケースもあります。

✉45 Agradeciéndoles su atención de antemano, reciban un saludo,
 (お手数をお掛けしますが、どうぞよろしくお願いいたします)
✉57 En espera de sus noticias, atentamente,
 (ご連絡をお待ちしておりますので、よろしくお願いいたします)

1　手紙・メールの書き方

▶▶プライベートのメールの場合

Un beso,
Un beso muy grande,　　Un beso muy fuerte,
Besos,　　　　　　　　 Muchos besos,
Besitos,（beso の縮小辞）

Un abrazo,
Un abrazo muy fuerte,　Un fuerte abrazo,
Abrazos,
Besos y abrazos,

Un saludo,
Un saludo afectuoso,
Un saludo cariñoso,
Saludos,

本来、Un besoは「キス」、Un abrazoは「抱擁」、Un saludoは「あいさつ」という意味があります。Un besoは、男性同士のメールの結語には基本的に使いませんが、父親と息子など家族の間では使います。Un saludo/Saludosは、フォーマルなメールでも使用できます。

また、プライベートのメールは、形式も厳密ではなく比較的自由なので、結語の代わりに次のようなフレーズで文を終えることもあります。

✉04　Hasta pronto,（じゃ、またね）
✉05　¡Nos vemos muy pronto!（またすぐに会おう！）
✉06　Hasta luego,（では）
✉14　Muchas gracias,（どうかよろしく）
✉15　¡Ánimo!（頑張って！）
✉16　Espero tu respuesta.（ではお返事を待ってます）
✉23　Cuídate,（お大事に）

その他

▶▶受取人(destinatario)

　Paraには相手のメールアドレスを入力します。同じ内容をほかの人にも送る場合は、CC(con copia)またはCCO(con copia oculta)機能を使います。

▶▶件名(asunto)

　件名は、内容を表す端的な言葉で簡潔に書きます。例えば、アポイントをお願いする際のメールの件名は、Solicitar entrevistaと動詞を使って書くよりも、Solicitud de entrevista(アポイントのお願い)と名詞で表現することが多いです。日本語のメールでよく使う「…について」というような書き方はしません。
また、受け取ったメールに返信した場合、自動的に件名にRe:と表示されます。特にフォーマルなメールではどの内容に対しての返信なのか分かるように相手が書いた件名は削除せずに、そのままにしておいた方がよいでしょう。

▶▶署名(firma)

　メールの最後に差出人の名前を書きます。プライベートのメールは名前のみで構いませんが、オフィシャルメールではフルネームで書きます。メールの自動署名機能を活用すると便利です。

署名の例（スペイン）

Emilio García Gil（フルネーム）
Director de Ventas（役職）
ABC FOOD, S.A.（会社名）
C/ Mayor, 15（住所）
28000 Madrid
Tel.: 91 012 3456　Fax: 91 012 3478（電話・Fax番号）
emiliog@abcfoodxxx.es（メールアドレス）

2 ▶ コミュニケーションのコツ

　相手にメールを開いて読んでもらうには、まずメールの件名が大切です。プライベートのメールでは、件名に「相談があります」や「お願い」と書けば、受信した相手はそのメールが重要であると判断してくれます。(✉14、✉16)
　また、メールの相手が、毎日大量のメールを処理している企業や団体の場合は、内容がひと目でイメージできる件名にしましょう。旅行会社への問い合わせであれば、自分が購入したいチケット名を具体的に書き、商品未着の問い合わせであれば、件名に注文番号を入れれば、相手のスムーズな対応が期待できます。また、企業に営業メールを送ったり、履歴書を送ったりする場合は、できる限り調べて担当者名を指定するのがよいでしょう。読んでほしい相手に確実に届き、きちんと応対してもらえる可能性が高くなります。(✉56、✉57)

　メールの本文は、相手が読みやすいように適度に改行を入れ、語や文をつなぐ表現を正しく使い、なるべく同じ言葉を繰り返さないように気を付けます。ちなみに語や文をつなぐ表現には、フォーマルな文章にしか使わないものもあります。それをカジュアルな内容で使うと、不自然な文章になるので気を付けましょう。(「第1章6▶使える表現集」)

　また、フォーマル・カジュアルにかかわらず、やり取りする相手と良好な関係構築には、どんなメールでもちょっとした気遣いを書き添えることがとても大事です。友人に何か依頼するときは、その背景を伝え、相手の都合も尋ねます。そして最後に「できなくても大丈夫」であることを書き、相手が断りやすい状況を用意しておくのも一つの気配りです。(✉16)
　逆に、依頼を断る際は、簡単でもいいので、相手が納得できる理由を伝えると誠意が感じられます。ビジネスにおいては、一度引き受けた仕事を病気を理由にキャンセルする場合、相手が心配し過ぎない程度に状況を説明し、代替案を提示します。そして迷惑を掛けたことを丁重にお詫びします。(✉68) メールの返信を催促するときも冒頭で断りを入れ、急ぐ理由を説明します。(✉66)

　それぞれの状況に応じた文章の構成と表現を覚えることで、コミュニケーションをスムーズにすることができるでしょう。

3 ▶ メールの疑問

▶▶ 担当者が分からない場合

　初めてメールを送る会社で担当者が分からない場合、「関係者各位」を意味するA quien pueda interesar:やA quien corresponda:を使うことができます。でももし、その会社と新たに取引したいとか、今後つながりを持ちたいと考えメールをしているのなら、より丁寧なEstimados señores（ご担当者様）を使うことをお勧めします。留学を希望する学校に入学手続きの問い合わせをしたり、履歴書を送る場合も同様です。実際、前者のA quien...で送ると、不特定多数に送られたメールと勘違いされて読み落とされる場合もあるので気をつけましょう。

▶▶ túかustedか？

　メールで初めて連絡を取る相手に、二人称tú（きみ）を使うべきか、三人称usted（あなた）を使うべきか、迷うことがあります。面識の有無だけではなく、年齢、職業、役職、立場など、いろいろな要素から判断しますが、それでも分からないときには、相手に不快感を与える可能性が低いustedを使っておくのがよいでしょう。何度かやりとりをしているうちに、メールの相手がTutéeme, por favor.（túを使ってください）と書いてきたり、二人称túを使ったメールで返信してきたりすれば、túで返しましょう。どちらに主導権があるかにもよりますが、相手ともっと打ち解けたいという気持ちがあるからこそtú の関係になるのです。ただ、いずれそうなると分かっていても、最初が肝心です。個人と個人のやりとりでも、初めての相手には、最初はustedを使った方が丁寧で礼儀正しい印象を与えます。

▶▶ correoとcorreoで勘違い？

　メールのことをスペイン語でcorreo electrónico（電子メール）と言います。correo（本来の意味は、郵便）と略されて使われることが多いですが、するとたまに勘違いが起こります。普段メールで業務のやりとりをしている相手に、書類を"郵便"で送ってくださいと依頼したのに、メール添付で書類が届くことがあります。これは、correo とだけ書いたせいで、相手はいつものように"メール"で送ればいいのだと解釈したのです。"郵便"で送ってほしいと正確に伝えるにはcorreo postalと書くとよいでしょう。"メール"としっかり区別することで勘違いは防げます。
× ¿Podrían enviarnos por **correo** dichos documentos?
○ ¿Podrían enviarnos por **correo postal** dichos documentos?

1 手紙・メールの書き方

4 ▶手紙の書き方

個人から個人あての手紙、個人から企業あての手紙、企業間の手紙を紹介します。

▶▶個人から個人あての手紙

子供の誕生報告の手紙です。(✉21)「日付」「受取人の住所」「署名」が必要です。

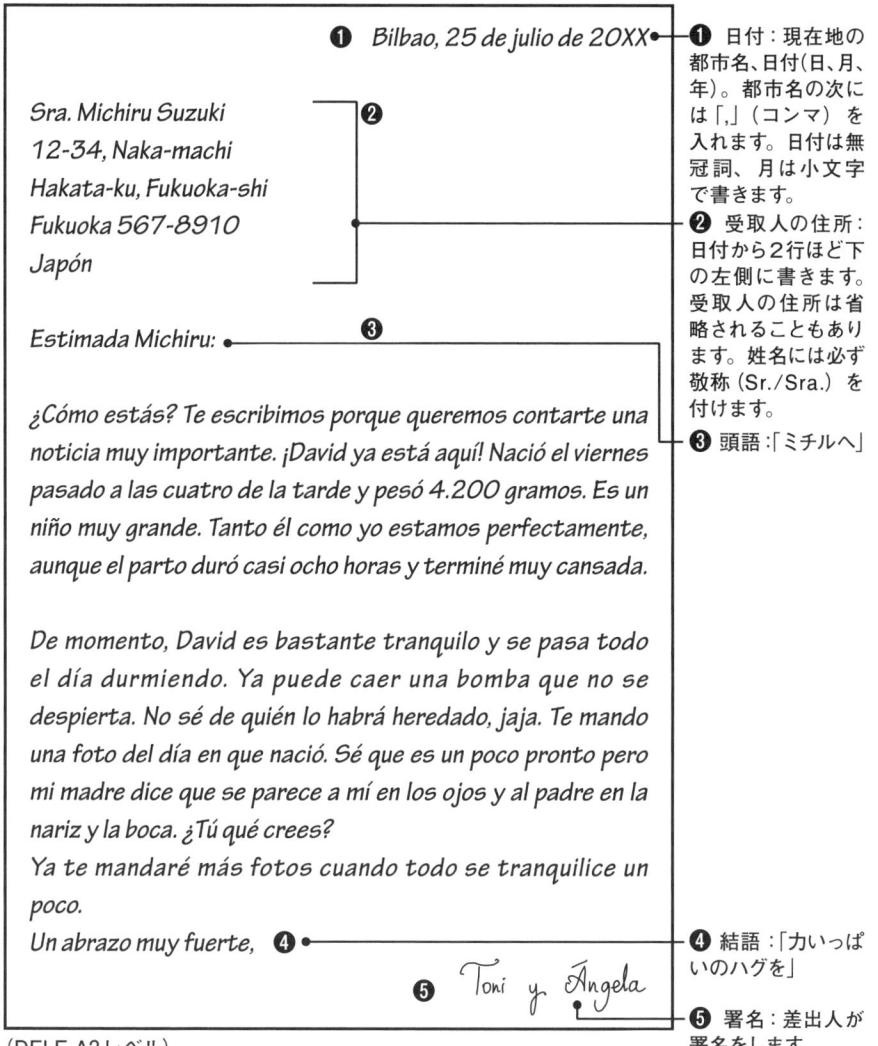

❶ Bilbao, 25 de julio de 20XX

Sra. Michiru Suzuki
12-34, Naka-machi
Hakata-ku, Fukuoka-shi
Fukuoka 567-8910
Japón

❷

Estimada Michiru: ❸

¿Cómo estás? Te escribimos porque queremos contarte una noticia muy importante. ¡David ya está aquí! Nació el viernes pasado a las cuatro de la tarde y pesó 4.200 gramos. Es un niño muy grande. Tanto él como yo estamos perfectamente, aunque el parto duró casi ocho horas y terminé muy cansada.

De momento, David es bastante tranquilo y se pasa todo el día durmiendo. Ya puede caer una bomba que no se despierta. No sé de quién lo habrá heredado, jaja. Te mando una foto del día en que nació. Sé que es un poco pronto pero mi madre dice que se parece a mí en los ojos y al padre en la nariz y la boca. ¿Tú qué crees?
Ya te mandaré más fotos cuando todo se tranquilice un poco.
Un abrazo muy fuerte, ❹

❺ Toni y Ángela

(DELE A2レベル)

❶ 日付：現在地の都市名、日付(日、月、年)。都市名の次には「,」(コンマ)を入れます。日付は無冠詞、月は小文字で書きます。

❷ 受取人の住所：日付から2行ほど下の左側に書きます。受取人の住所は省略されることもあります。姓名には必ず敬称(Sr./Sra.)を付けます。

❸ 頭語：「ミチルへ」

❹ 結語：「力いっぱいのハグを」

❺ 署名：差出人が署名をします。

▶▶個人から企業あての手紙

旅行会社へのクレーム文です。(✉70) 最初に「用件」を書くことが大切です。感情的にならず、起きた出来事を説明し、どうしてほしいかを書きます。

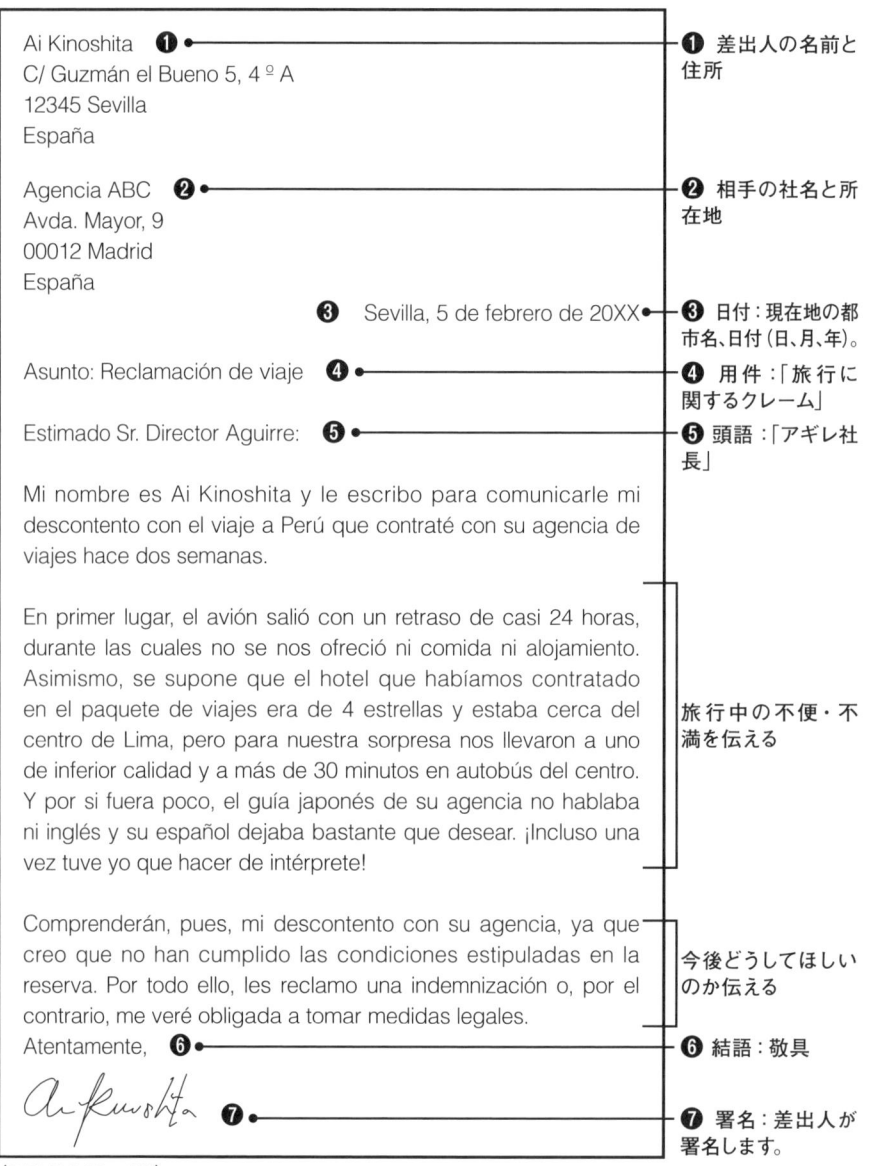

(DELE B2レベル)

1 手紙・メールの書き方

▶▶企業間の手紙

日本の食品輸入会社が、アルゼンチンのワイン醸造業者に見積もりを依頼する手紙です。(✉51)

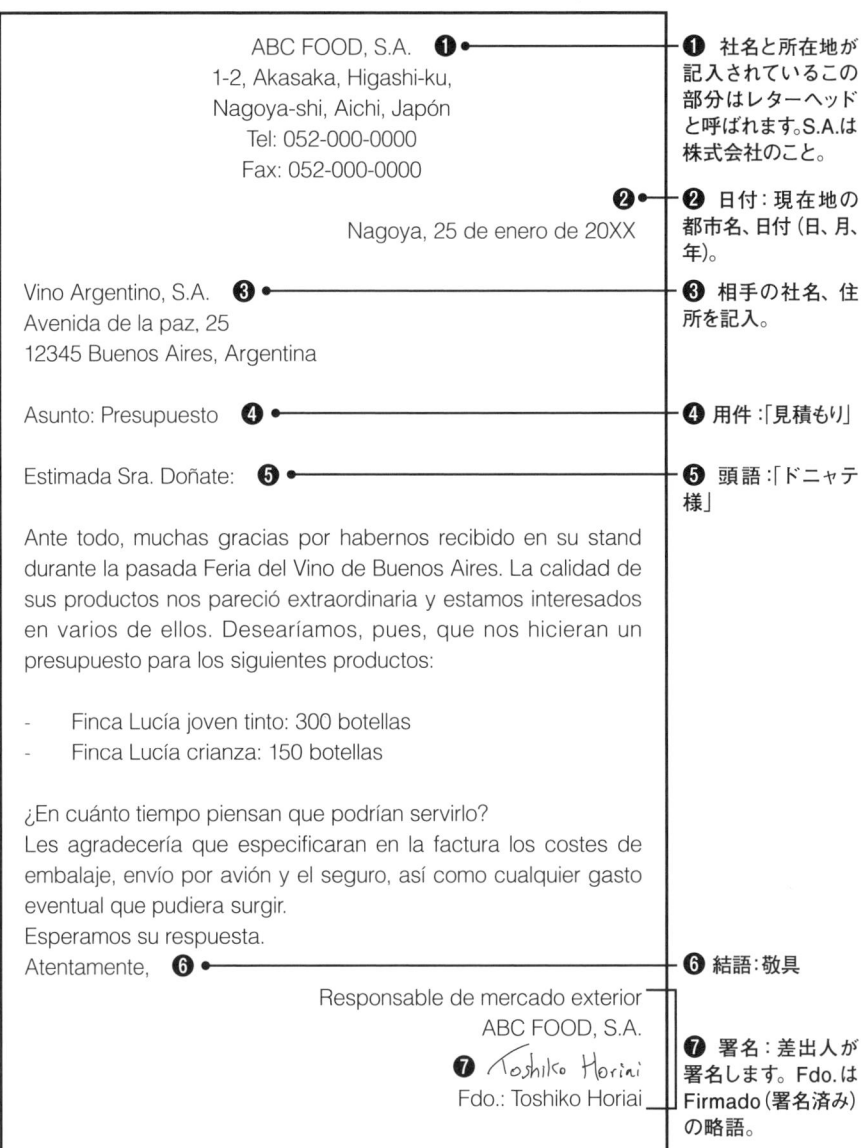

❶ 社名と所在地が記入されているこの部分はレターヘッドと呼ばれます。S.A.は株式会社のこと。

❷ 日付：現在地の都市名、日付（日、月、年）。

❸ 相手の社名、住所を記入。

❹ 用件：「見積もり」

❺ 頭語：「ドニャテ様」

❻ 結語：敬具

❼ 署名：差出人が署名します。Fdo.はFirmado（署名済み）の略語。

5 ▶封筒の書き方

表面

▶▶私書（個人的に書いた手紙の封筒）

　日本とは書き方が逆で、宛名、次に住所を中央に大きく書きます。住所は小さい区域から大きい区域を順に並べて書きます。受取人氏名の前には必ず敬称を付けます。

▶▶ビジネスレター

　封筒の中央に宛先を、上から、受取人氏名、社名、住所の順に書きます。差出人の名前と住所は封筒の左上に書きます。

▶▶敬称

Sr.（男性）　　　Sr. Jorge Salvador（ホルヘ・サルバドル様）
Sra.（既婚女性）　Sra. Rosa García（ロサ・ガルシア様）
Srta.（未婚女性）　Srta. Elena González（エレナ・ゴンサレス様）

私書の裏面

差出人の名前の前にはRte.: (remitente)と書きます。

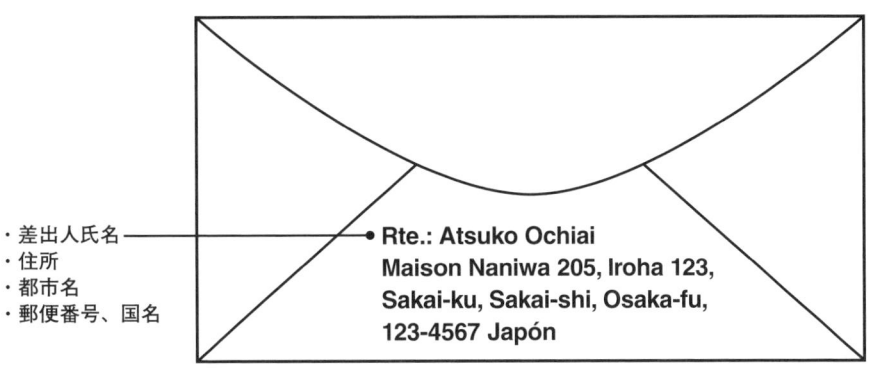

・差出人氏名
・住所
・都市名
・郵便番号、国名

Rte.: Atsuko Ochiai
Maison Naniwa 205, Iroha 123,
Sakai-ku, Sakai-shi, Osaka-fu,
123-4567 Japón

▶▶住所表記の略語

C/	calle	通り	3° 3ª	tercer/tercera	3階（piso/planta）
Avda.	avenida	大通り	izqda. izq.	izquierda	左側
Pza. Pl.	plaza	広場	dcha.	derecha	右側
n.°	número	番号	s/n	sin número	無番地

6 ▶使える表現集

　文章をつなげる便利な表現集です。何かの理由や様子を説明したり、話題を変えたりするときにスムーズにメールが書けるよう手助けをしてくれます。Ⓕ は、フォーマルな場面で使われます。

▶▶反意「しかし」「むしろ」

pero (しかし)	Perdona que no te haya contestado antes, **pero** he estado muy liado con el trabajo. (仕事が忙しかったので、返信が遅くなりごめんなさい)
aunque (…だけれど)	**Aunque** no va mi marido, yo sí iré. (夫は行かないけど、私は行きます)
Ⓕ sin embargo (しかしながら)	El paquete llegó el jueves. **Sin embargo**, el contenido no se correspondía con mi pedido. (荷物は木曜日に届きましたが、中身は私が注文したのと違うものでした)
más bien (むしろ)	Pedro no está nada contento, **más bien** se le nota enfadado. (ペドロはまったく満足していないどころか怒っている)
en cambio (一方)	Ayer llovió mucho. **En cambio**, hoy ha salido el sol. (昨日は雨がたくさん降ったけど、今日は晴れている)
sino que (…ではなくて…である)	Mi marido no está en casa **sino que** está en la oficina. (私の夫は家にいるのではなく、会社にいます)

▶▶結果「…なので」

así que (…なので)	Mañana no tengo trabajo, **así que** podemos quedar. (明日仕事がないから会えるよ)
Ⓕ por lo que (…なので)	Nuestro presidente está reunido, **por lo que** en estos momentos no puede atenderle. (社長は会議のため、その間対応できません)

| por eso
(…なので) | Estoy a dieta, **por eso** no como dulces.
(ダイエット中なので、甘いものは食べません) |

▶▶時「…すると／時」「…したら／時」

cuando (…すると／したら)	**Cuando** sepas la fecha del concierto, avísame. (コンサートの日程が分かったら教えてね)
en cuanto (…するとすぐに)	**En cuanto** acabe de trabajar, voy para allí. (仕事が終わったら、そっちに行くよ)
tan pronto como (…するとすぐに)	**Tan pronto como** llegues a casa, llámame. (家に着いたら電話してね)
apenas (…するとすぐに)	**Apenas** salí de casa, empezó a llover. (家を出たらすぐに雨が降り始めた)
al (…すると)	**Al** girar la esquina encontrarás la oficina de correos, a la derecha. (角を曲がると右に郵便局が見えます)
al mismo tiempo (同時に)	Estoy estudiando chino y español **al mismo tiempo**. (私は中国語とスペイン語を同時に勉強しています)
cada vez que (…の度に)	**Cada vez que** le veo está más grande. (彼／彼女は見る度に大きくなっています)
una vez que (…したからには)	**Una vez que** empiecen los exámenes, no tendré tiempo. (試験が始まると時間がなくなるでしょう)
por fin (ついに)	**Por fin** he terminado la carrera. (やっと大学を卒業しました)
al final (結局)	**Al final** no me presenté al DELE. (結局DELE試験を受けませんでした)

▶▶理由「…なので」「…のおかげで」

como + 直説法 (…なので)	**Como** tengo prisa, lo terminaré rápido. (急いでいるので、早く終わります)
porque (…なので)	No pude ir a la fiesta **porque** estaba enfermo. (病気だったのでパーティーに行けなかった)
es que (…なので)	Perdona por llegar tarde. **Es que** el tren se ha retrasado. (遅くなってごめん。電車が遅れたんだよ)
ya que (…なので)	**Ya que** estás aquí, ayúdame. (ここにいるなら手伝って)
Ⓕ puesto que (…なので)	**Puesto que** no tiene remedio, no lo lamentes más. (仕方ないので、これ以上嘆かないでください)
Ⓕ dado que (…なので)	**Dado que** es un colegio femenino, los chicos no pueden entrar. (女子校ですので、男子は入学できません)
Ⓕ debido a que (…のせいで)	La guerra estalló **debido a que** el presidente fue asesinado. (大統領の殺害を契機に、戦争が勃発した)
Ⓕ por culpa de (…のせいで)	El vuelo se canceló **por culpa de** la nieve. (雪のせいで、フライトがキャンセルになりました)
Ⓕ gracias a que (…のおかげで)	**Gracias a que** Nuria me ayudó pude acabar el informe. (ヌリアの手助けのおかげで、レポートを終えることができました)

▶▶目的「…するために」

para que (…ために)	Volví a casa pronto **para que** pudiéramos cenar juntos. (一緒に夕食を食べられるように、早く家に戻りました)
Ⓕ con la intención de (…という意図で)	José estudia mucho **con la intención de** entrar en una buena universidad. (ホセは良い大学に入るために一生懸命勉強しています)

⒡ a fin de que (…ために)	Me pongo en contacto con usted **a fin de que** pueda resolver mis dudas. (私の疑問を解決していただきたくご連絡差し上げております)
⒡ con el fin de que (…ために)	Me dirijo a usted **con el fin de que** lleguemos al mejor acuerdo posible. (お互いの妥協点を探りたくご連絡申し上げます)

▶▶順番に話す（まず、次に、最後に）

en primer lugar, y después, y por último,	**En primer lugar,** corta las patatas **y después,** échalas en aceite caliente. **Por último,** mézclalas con el huevo batido. (まず最初にジャガ芋を切って、次にそれを熱した油で炒めます。最後によくかき混ぜた卵を入れます)

▶▶条件「もし…ならば」「もし…でないならば」

si (もし…なら)	**Si** tengo tiempo, mañana paso por tu casa. (もし時間があれば、君の家に寄るよ)
como + 接続法 (もし…なら)	**Como** no hagas los deberes, no te compro ese videojuego. (もし宿題しなかったら、そのビデオゲーム買ってあげないからね)
en caso de que (もし…の場合)	**En caso de que** no nos viéramos, te dejo mi número de teléfono. (会えなかったときのために、私の電話番号を渡すね)
a no ser que (もし…でないなら)	**A no ser que** llueva, mañana quiero ir al parque. (雨が降らなかったら、明日公園に行きたいです)
siempre que (必ず…なら)	Te dejo el coche **siempre que** me lo devuelvas el domingo. (必ず日曜日に返してくれるなら、君に車貸すよ)
a menos que (もし…でないなら)	No sales **a menos que** te termines la comida. (もしご飯を食べていないなら、出掛けてはいけません)
⒡ a condición de que (…という条件で)	Le daremos permiso para la construcción de la discoteca **a condición de que** prometa abrir solo los fines de semana. (週末のみの営業という条件でしたら、ナイトクラブの建設を許可いたします)

▶▶譲歩「…にもかかわらず」「ともかく」

a pesar de que (…にもかかわらず)	**A pesar de que** no le salió bien la entrevista, consiguió el puesto. (面接はうまくいかなかったけれど、その職を手に入れました。)
pese a (…にもかかわらず)	**Pese a** que ensayamos mucho, el espectáculo no salió como esperábamos. (たくさん練習したけれど、ショーは思ったよりもうまくいかなかった)
aunque (たとえ…でも)	**Aunque** tenga 60 años, parece muy joven. (彼は60歳の割には若く見えます)
de todas formas (ともかく)	**De todas formas**, respóndeme rápido. (とにかく早く返事ちょうだい)
de todos modos (ともかく)	**De todos modos**, estamos en contacto. (とにかく連絡し合いましょう)
si bien (…だが)	**Si bien** no es un chico muy guapo, tiene muchas novias. (彼はそんなにカッコ良くないのに、彼女がたくさんいます)

▶▶様態「…のように」

como (…のように)	Hazlo **como** quieras. (好きなようにしなさい)
según (…によると)	**Según** han dicho en las noticias, hoy hará mucho calor. (ニュースで言っていたように、今日は暑くなるだろう)
tal y como (…のように)	Fui al sitio **tal y como** me dijeron. (教えてもらった通りに行きました)
como si (まるで…のように)	Ella habla español **como si** fuera nativa. (彼女はまるでネイティブスピーカーのようにスペイン語を話します)

▶▶新しい話題「…に関して」「ところで」

en cuanto a (…に関して)	**En cuanto al** presupuesto, ¿para cuándo puede prepararlo? (見積もりについては、いつまでに作成してもらえますか？)
respecto a (…に関して)	**Respecto a** la fiesta, creo que es mejor hacerla el sábado. (パーティーのことだけど、私は土曜日の方がいいと思う)
por cierto (ところで)	Esta tarde vamos a ir de compras. **Por cierto**, avisa a Sara para que se venga. (午後、ショッピングに行こうよ。ところで、サラにも来るように伝えて)
a propósito (ところで)	**A propósito**, ¿ya has comprado el billete de avión? (ところで、飛行機のチケットは買ったの？)
cambiando de tema (話は変わって)	**Cambiando de tema**, ¿qué vas a hacer este fin de semana? (話変わるけど、週末は何をするの？)
ⓕ en otro orden de cosas (話変わって…)	**En otro orden de cosas**, quería comentarte que me voy a México por trabajo la semana que viene. (話は変わりますが、来週仕事でメキシコに行くのでお伝えいたします)

コラム1

スペイン語の入力方法

スペイン語特有の文字はá, é, í, ó, ú, ü, ñ, ¡, ¿の9つです。

Windowsは「コントロールパネル」、Macは「システム環境設定」から、入力言語をスペイン語に設定することができます。設定はお使いのOSによって違いますので、説明書やヘルプ機能を参照してください。

ここではMicrosoft Wordなどに限られますが、日本語のキーボードのままでスペイン語を表示させたいということであれば、ショートカットキーを使ってスペイン語特有の文字を入力する方法を紹介します。

文字	Windows7,8	Mac OSX
á, é, í, ó, ú	ctrl + shift + 7を打った後に母音字	option + eを打った後に母音字
Á, É, Í, Ó, Ú	ctrl + shift + 7を打った後にshift + 母音字	option + eを打った後にshift + 母音字
ü / Ü	ctrl + : を打った後にu / U	option + uを打った後にu / U
ñ / Ñ	ctrl + shift + ~ を打った後にn / N	option + nを打った後にn / N
¡	alt + ctrl + shift + !	option + 1
¿	alt + ctrl + shift + ?	option + shift + ?
ª	00AAと打った後にalt + X	option + 9
º (ºの代替)	00BAと打った後にalt + X	option + 0

スペイン語特有の文字を使ってメールを送信する場合は、文字化け防止のため、文字コードをユニコード(UTF-8)にしておきましょう。設定はメールソフトによって違いますので、説明書やヘルプ機能を参照してください。

第2章
プライベートのメール

「久しぶり！ 元気？」
相手の状況を尋ねる

しばらく連絡していなかった友人にメールを書きます。

○ Asunto: ¡Cuánto tiempo!

¡Hola, Hiroki!

¿Qué tal? Espero que bien. **Sé que hace mil años que no te escribo, pero es que** ❶ últimamente he estado bastante liado y no he tenido tiempo para nada. De hecho, he tenido que ir a España por trabajo y no volví a Tokio hasta ayer.
¿Qué es de tu vida? ❷ Recuerdo que hace tiempo me dijiste que querías mudarte. ¿Ya has encontrado algo? Cuéntame.
Por aquí la verdad es que no hay muchos cambios. ❸ Yo sigo trabajando en la misma empresa de siempre, pero el año que viene me han ofrecido un trabajo en México y a lo mejor lo acepto. Me gustaría cambiar un poco de aires.
Bueno, a ver si quedamos algún día y hablamos con tranquilidad, ¿no?
Escríbeme cuando tengas un rato. ❹
Un saludo,

Carlos

件名：久しぶり！

ヒロキへ！

どうしてる？　元気だといいな。長い間（1,000年くらい）君にメールしてなかったけれど、最近ずっと忙しくてまったく時間がなかったんだ。❶　というのも、仕事でスペインに行ってて、東京には昨日戻ってきたところなんだ。
君の方はどうだい？ ❷　そういえば以前、引っ越ししたいと言っていたよね。いい物件見つかった？　また聞かせてね。
こっちは相変わらずだよ。 ❸　前と同じ会社で働いている。でも、来年メキシコ勤務の話があって、受けようと思っているんだ。少し環境を変えたいからね。
近々会ってゆっくり話したいね。どう？
時間があったらメールしてね。 ❹
では、また。
カルロス

2 プライベートのメール

Variaciones » バリエーション

❶「長い間（1,000年くらい）君にメールしてなかったけれど、…たんだ」

Sé que hace mil años que no te escribo, pero es que...

Hace mucho que quería escribirte, pero estos días he estado muy ocupado y no he encontrado el momento.
ずっと君にメールしたいと思っていたけれど、最近とても忙しくて余裕がなかったんだ。

Llevaba ya varios días queriendo escribirte, pero es que estoy hasta arriba de trabajo y no he tenido tiempo.
連絡しようと思いつつ日にちばかり経ってしまったけれど、仕事が山ほどあって時間がなかったんだ。

❷「君の方はどうだい？」

¿Qué es de tu vida?

¿Qué tal todo últimamente?
最近どうしてる？

¿Cómo te va todo?
うまくいってる？

❸「こっちは相変わらずだよ」

Por aquí la verdad es que no hay muchos cambios.

Por aquí todo sigue igual.
こっちはいつもと同じだよ。

La verdad es que yo no tengo muchas cosas que contarte.
君に知らせるほどのことはないんだ。

❹「時間があったらメールしてね」

Escríbeme cuando tengas un rato.

Escríbeme cuando puedas.
できる時にメールしてね。

Venga, ya me dices algo cuando tengas tiempo.
それじゃ、時間ができたら様子を知らせてね。

¿Sabías que...? ▶▶▶ ポイント

● 大げさな表現
スペイン語のメールでは、誰もが嘘だと分かる大げさな表現をすることがあります。
Hace un siglo que no veo a Marcos.（マルコスに1世紀も会っていない）
Mil disculpas por no haberte escrito antes.（君にメールしなくて1,000回ゴメン）

02 「メールありがとう。元気だよ」
近況報告する

✉ 01 の久しぶりのメールに返信します。

Asunto: Re: ¡Cuánto tiempo!

¡Hola, Carlos!

¡Qué bien recibir noticias tuyas! ❶ La verdad es que sí, **¡cuánto tiempo!** ❷ Yo también estaba pensando escribirte uno de estos días, pero entre unas cosas y otras... Pero bueno, me alegro de que todo te vaya bien, y **creo que trabajar en México sería una buena experiencia.** ❸
Yo también he estado bastante ocupado estos últimos meses buscando piso, pero por fin encontré uno y el mes pasado me mudé. Está en el centro y muy cerca del trabajo, así que para mí es perfecto.
Bueno, a ver si quedamos y nos ponemos al día. ❹ Ya sabes que a mí me van mejor los fines de semana.
Un saludo,

Hiroki

件名：Re：久しぶり！

カルロスへ！
君から連絡もらえてうれしいよ！❶　**本当に久しぶりだね！**❷　僕も近いうちにメールしようと思いつつ、あれやこれやで…。とりあえず、君の方はうまくいっているようで良かった。**メキシコ勤務もきっといい経験になると思うよ。**❸
僕もこの数カ月は、部屋探しで結構忙しかったよ。でも、やっといいのが見つかったから先月引っ越ししたんだ。町の中心にあって職場からも近いから申し分ないよ。
そうだね、今度会って近況を報告し合おうよ。❹　週末の方が僕は都合がいいかな。
じゃ、よろしくね。
ヒロキ

Variaciones » バリエーション

❶「君から連絡もらえてうれしいよ！」
¡Qué bien recibir noticias tuyas!
Me he alegrado al ver tu email.
君からメールが来てうれしいよ。

¡Por fin das señales de vida!
よかった、生きていたんだね。

❷「久しぶりだね！」
¡Cuánto tiempo!
¡Hace mucho que no hablábamos!
ずっと話してなかったね！

¿Cuándo fue la última vez que nos vimos?
最後に会ったのはいつだっけ？

❸「メキシコ勤務もきっといい経験になると思うよ」
Creo que trabajar en México sería una buena experiencia.
Pienso que ir a trabajar a México es una gran oportunidad.
メキシコで仕事するなんてすごいチャンスだと思うよ。

A mí me parece que trabajar en México sería muy positivo para tu currículum.
メキシコ勤務は君のキャリアにとてもプラスになりそうだね。

❹「そうだね、今度会って近況を報告し合おうよ」
Bueno, a ver si quedamos y nos ponemos al día.
Tenemos que vernos un día de estos para hablar, ¿eh?
近いうちに会って話をしないとね！

¿Por qué no quedamos un día para contárnoslo todo tranquilamente?
今度会って落ち着いてお話しない？

¿Sabías que...? ▶▶▶ ポイント

● pisoとapartamentoとestudioの違い
スペインのpisoとは、寝室が2つ以上あるようなファミリータイプのマンションのことです。一方、独身やカップル向けのワンルームはestudioと呼ばれます。Apartamentoはpisoとestudioの間ぐらいの広さで、海辺の別荘地にあることが多いです。また、庭付きの一戸建て住宅はchaléと呼びます。ちなみに、スペイン語のmansiónは大豪邸のこと。日本でマンションに住んでいるから、Vivo en una mansión. なんて言うと、「私は大豪邸に住んでいます」という意味になり、みんなに驚かれます。

03 「返事がないので心配しています」
メールの返信がなく心配する

返信がない友人に再度メールします。

Asunto: ¿Va todo bien?

¡Hola, Marta!

¿Cómo estás? **Hace unos días te mandé un correo, pero todavía no sé nada de ti.** ❶ Estoy un poco preocupada. **¿Va todo bien?** ❷
Creo que la última vez que nos vimos me dijiste que estabas muy ocupada, así que **espero que solo sea eso.** ❸ Si, por el contrario, tienes algún problema, no dudes en contármelo. A lo mejor puedo ayudarte, que sé lo difícil que es vivir en el extranjero.
De todas formas, dime algo en cuanto puedas, por favor, ya sabes que siempre me preocupo mucho. ❹ :)
Si te apetece, un día de estos podríamos ir a tomar un café.
Espero tus noticias.
Un beso, guapa.

Akiko

件名：大丈夫？

マルタへ！
元気ですか？　何日か前あなたにメールしたけれど、まだ何も返信がなくて。❶　ちょっと心配してるのよ。大丈夫？❷
最後に会った時すごく忙しいって言ってたよね。それだけならいいけれど。❸　でもそうじゃなくて、もし何か困っていることがあるなら遠慮なく相談してね。海外での生活は大変だろうから、私も力になれると思う。
とにかく、できる時でいいから返事ちょうだいね。私って心配性なのよ。❹（笑）
よかったら、近いうちにカフェでも行こうよ。
じゃあ、連絡待ってるね。
キスを送ります。
アキコ

Variaciones　》　バリエーション

❶「何日か前あなたにメールしたけれど、まだ何も返信がなくて」

Hace unos días te mandé un correo, pero todavía no sé nada de ti.

El otro día te escribí por LINE, pero sigo sin tener respuesta.
この前君にラインしたけれど、まだ返事もらってないよ。

Hace un tiempo te envié un correo electrónico. ¿Te ha llegado?
この間君にメールを送ったよ。届いてる？

❷「大丈夫?」

¿Va todo bien?

¿Ha pasado algo?
何かあったの？

¿Estás enfadada por algo?
何か怒ってる？

❸「それだけならいいけれど」

Espero que solo sea eso.

¡Ojalá no sea nada!
何でもありませんように！

Espero que no haya pasado nada.
何も起きていないといいけれど。

❹「とにかく、できる時でいいから返事ちょうだいね。私って心配性なのよ」

De todas formas, dime algo en cuanto puedas, por favor, ya sabes que siempre me preocupo mucho.

Bueno, escríbeme cuando tengas tiempo, que estoy muy preocupada.
じゃあ、時間があったらメールしてね。私すごく心配してるんだから。

Y contesta pronto, que siempre haces lo mismo.
返信遅れないでね。あなたいつもそうだから。

¿Sabías que...? ▶▶▶ ポイント

- en cuanto＋接続法　「〜するとすぐ」
  Haz los deberes en cuanto llegues a casa.（家に着いたら、すぐ宿題しなさい）
- 結語のUn beso は女性同士または男女間で使いますが、家族であれば男性同士で使うこともあります。カップルの場合はストレートにTe quiero.（愛してる）で締めくくることが多いです。

04 「返事が遅くなってごめんなさい」
詫びる

✉ 03 に、お詫びのメールを返信します。

Asunto: Perdón perdón perdón

¡Hola, Akiko!

¿Cómo estás? Gracias por tu email.
Ante todo perdona por no haberte escrito durante todo este tiempo. ❶ Sé que normalmente estamos en contacto más a menudo, pero **es que de verdad estas últimas semanas han sido horribles.** ❷ No sé por dónde empezar. Primero, me echaron del trabajo por llegar tarde varios días. Después, se me rompió el móvil y he estado desconectada hasta hace poco, y, por último, mi novio me ha dejado por otra. **Parece mentira tanta mala suerte de golpe, ¿verdad?** ❸
Pero bueno, a pesar de todo sigo viva, así que no te preocupes.
Ayer me compré un móvil nuevo, por lo que **prometo escribir más a partir de ahora** ❹, ¿vale? Y por supuesto que podemos quedar para tomar un café. ¿Cuándo te va bien?
Hasta pronto,

Marta

件名：ごめん、ごめん、ごめん
アキコへ！
元気ですか？　メールどうもありがとう。
まずは、このところずっと連絡せずにごめんなさい。❶　普段はもっとよくやりとりしているものね。でも、**この数週間は本当に最悪だったの。**❷　何から話せばいいかしら。まず初めに、何度も遅刻したせいで仕事をクビになったでしょ。それから、携帯電話が壊れて、最近まで誰とも連絡とれなくなっちゃって。挙句の果てには、彼氏にまでフラれてしまったわ。**こんなについてないなんて、嘘みたいでしょ？**❸　それでも何とか生きているから心配しないでね。
昨日、新しい携帯電話を買ったから、**これからはもっとメールするって約束するね。**❹　それでいい？　もちろん、一緒にカフェに行きましょう。いつがいいかな？
じゃ、またね。
マルタ

Variaciones » バリエーション

❶「まずは、このところずっと連絡せずにごめんなさい」

Ante todo perdona por no haberte escrito durante todo este tiempo.

Perdón por no haberte dicho nada estas últimas semanas.
ここ何週間かまったく連絡しなくてごめんなさい。

Siento mucho no haberte llamado o mandado ningún correo últimamente.
最近あなたに電話もメールもしていなくて本当にごめん。

❷「この数週間は本当に最悪だったの」

Es que de verdad estas últimas semanas han sido horribles.

Es que últimamente ha sido todo un desastre.
だって、最近何から何まで散々だったのよ。

Desde hace un tiempo para aquí me ha pasado de todo.
このところずっとドタバタ続きだったんだ。

❸「こんなについてないなんて、嘘みたいでしょ？」

Parece mentira tanta mala suerte de golpe, ¿verdad?

Increíble, ¿no?
信じられないよね？

Parece que me ha caído una maldición, ¿a que sí?
私って呪われているみたいじゃない？

❹「これからはもっとメールするって約束するね」

Prometo escribir más a partir de ahora.

Desde hoy intentaré llamarte más a menudo.
今日からもっと頻繁に君に電話するよ。

Ahora ya se ha calmado todo un poco, así que seguro que puedo escribirte con más frecuencia.
いろんなことが少し落ち着いたから、これからはもっとメールできると思う。

¿Sabías que...? ▶▶▶ ポイント

● es que 「実は…なのです」「だって…」
何かの事情を説明したり、言い訳をするときに使います。
Siento llegar tarde, es que he perdido el tren.
(遅れてごめんなさい。実は電車に乗り遅れたの)
Perdón por no haber ido ayer a la fiesta. Es que tenía fiebre.
(昨日はパーティーに行けなくてゴメンね。というのも熱があったんだ)

05 「誕生日パーティーに来ませんか？」
招待する

友人を誕生日パーティーに招待します。

Asunto: Fiesta de cumpleaños

¡Hola a todos!

¿Qué tal? Os mando este correo general porque el próximo 25 de mayo es mi cumpleaños, así que **me gustaría hacer una fiesta y celebrarlo a lo grande.** ❶ Como ese día es jueves, había pensado hacer una cena el sábado, el día 27, sobre las nueve de la noche. **¿Qué tal os va?** ❷ **Si alguien no puede, o le va mejor otro día, que me lo diga pronto.** ❸
Para cenar tenía planeado ir al restaurante Mediterráneo, el que está cerca de mi casa, y después salir a tomar algo. **Podríamos quedar todos en la puerta del restaurante** un poco antes de las nueve, ¿no? ❹
Bueno, decidme esta semana si podéis venir o no y así hago la reserva. Espero que podáis venir todos.
¡Nos vemos muy pronto!

Marcos

P.D.: Os paso la web del restaurante y así podéis mirar el mapa por si no sabéis cómo llegar. (www.mediterraneoxxxxx.es)

件名：誕生日パーティー
みんなへ！
元気にしてる？　今回みんなに一斉メールを送ったのは、今度の5月25日は僕の誕生日で、パーティーを開いてにぎやかに祝いたいと思ってるからです。❶　その日は木曜だから、27日の土曜日、夜9時ごろにディナーにしたらどうかと考えているんだけど、みんなの都合はどうかな？❷　もし来られないとか、ほかの日がいいって人がいたら、早めに言ってね。❸
ディナーはうちの近所にあるレストラン「メディテラネオ」に行って、その後飲みに繰り出そうかと計画してる。9時ちょっと前にレストランの入り口に集まればいいかな？❹　じゃあ、来られるかどうか今週中に知らせてね。それで僕が予約するから。みんなに来てもらえたらうれしいな。またすぐに会おう！
マルコス

追伸：レストランのHPのアドレスを書いておくので、場所が分からなかったら地図で確認してね。
www.mediterraneoxxxxx.es

Variaciones　》　バリエーション

❶「パーティーを開いてにぎやかに祝いたいと思っています」
Me gustaría hacer una fiesta y celebrarlo a lo grande.

Tenía pensado celebrarlo todos juntos.
みんなで一緒に祝いたいと思っています。

He pensado hacer una cena para celebrarlo.
ディナーで祝いたいと考えています。

❷「みんなの都合はどうかな？」
¿Qué tal os va?

¿Tenéis ya planes ese día?
その日もう予定入ってる？

¿Estáis libres?
みんな空いてる？

❸「もし来られないとか、ほかの日がいいって人がいたら、早めに言ってね」
Si alguien no puede, o le va mejor otro día, que me lo diga pronto.

Si no podéis, o preferís otro día, avisadme.
もし無理だとか、ほかの日がよければ知らせて。

Si ese día os viene mal y tenéis otras propuestas, decídmelo.
もしその日都合が悪いとか、ほかのプランがあるなら教えてね。

❹「…レストランの入り口に集まればいいかな？」
Podríamos quedar todos en la puerta del restaurante..., ¿no?

¿Por qué no quedamos en la puerta del restaurante?
レストランの玄関にみんな集合でいい？

¿Qué os parece si nos vemos directamente delante del restaurante?
レストランの前で直接待ち合わせるってどう？

¿Sabías que...?　▶▶▶　ポイント

● 誕生日パーティー
　誕生日を迎える人が、自らホームパーティーを企画し、友人を招待する習慣があります。費用も主催者本人がすべて持ちます。ただ、レストランを借りて招待客も多い場合は、割り勘（pagar a escote）になったり、逆に招待客がご馳走するケースもあります。そんなときは、主催者が、全員に1杯ずつふるまうのが一般的です。そこでよく使うフレーズがこれ！　覚えておくと便利です。
La siguiente ronda la pago yo.（次は僕がおごるよ）

06 「喜んで参加します」
招待を受ける

✉ 05 に、招待を受ける返信をします。

Asunto: Re: Fiesta de cumpleaños

¡Hola, Marcos!

Gracias por la invitación. Por supuesto que iré a tu fiesta❶, no todos los días se cumplen años.
Ya ha pasado un año más y casi sin darnos cuenta, ¿verdad?❷
El día y el lugar me parecen bien❸, pero tal vez llegue un poco más tarde porque tengo que acompañar antes a un amigo que quiere hacer algunas compras. De todas formas, intentaré llegar a tiempo.
Bueno, **nos vemos entonces en el restaurante el día 27.❹** Tengo muchas ganas de veros a todos otra vez.
Hasta luego,

Toshiko

件名：Re：誕生日パーティー

マルコスへ！
ご招待ありがとう。もちろん、あなたのパーティーには行くつもりよ。❶ 年に1度の特別な日だもの。
あっという間にまた1年経ったね。❷
日にちと場所はいい❸けれど、たぶん少し遅れて行くことになりそう。というのは、先約があって友人の買い物に付き合わないといけないの。とにかく、間に合うように行くつもりよ。
じゃあ、**27日にレストランで会おうね。**❹ また皆に会えるのを楽しみにしてるわ。
では。
トシコ

Variaciones　»　バリエーション

❶「ご招待ありがとう。もちろん、あなたのパーティーには行くつもりよ」

Gracias por la invitación. Por supuesto que iré a tu fiesta.

Gracias por invitarme. Claro que voy a tu fiesta, me apunto.
呼んでくれてありがとう。もちろんあなたのパーティーに行くわ、私は参加ね。

Te agradezco la invitación. Cuenta conmigo para ese día.
ご招待どうもありがとう。私もその日の参加者に入れておいて。

❷「あっという間にまた1年経ったね」

Ya ha pasado un año más y casi sin darnos cuenta, ¿verdad?

Parece mentira lo rápido que pasa el tiempo.
時が経つのが早すぎて嘘みたいね。

¡Cómo pasa el tiempo!
時が経つのはなんて早いの！

❸「日にちと場所はいいよ」

El día y el lugar me parecen bien.

La hora y el lugar me van perfectos.
その時間と場所なら完璧よ。

Tanto la hora como el lugar me vienen bien.
時間も場所も大丈夫よ。

❹「27日にレストランで会おうね」

Nos vemos entonces en el restaurante el día 27.

Hasta el día 27 delante del restaurante.
では、27日にレストランの前で。

Quedamos entonces el sábado 27 en el restaurante, ¿vale?
じゃあ、27日の土曜にレストランで待ち合わせね！

¿Sabías que...? ▶▶▶ ポイント

● 遅刻の表現
　レストランでの誕生日パーティーは、全員そろってから食事をするので、遅れる場合は事前に伝えた方が良いでしょう。遅れる可能性が高い場合は「直説法」、遅れそうだけど、その可能性がかなり低いときは「接続法」を使います。
直説法：Tal vez llego un poco tarde. （[たぶん] 少し遅れます）
接続法：Tal vez llegue un poco tarde. （[もしかしたら] 少し遅れます）

07 「残念ですが参加できません」
招待を断る

✉ 05 の誕生日パーティーの招待に参加できないと返信します。

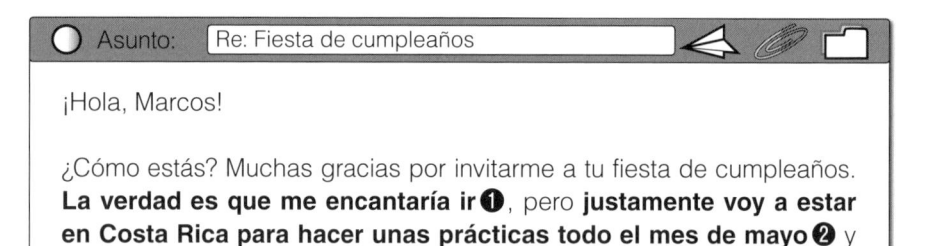

Asunto: Re: Fiesta de cumpleaños

¡Hola, Marcos!

¿Cómo estás? Muchas gracias por invitarme a tu fiesta de cumpleaños. **La verdad es que me encantaría ir❶**, pero **justamente voy a estar en Costa Rica para hacer unas prácticas todo el mes de mayo❷** y no vuelvo a Madrid hasta principios de junio. **Lo siento mucho. ❸**
Si al final cambias la fecha de la fiesta, dímelo. Si no, podríamos vernos otro día cuando haya vuelto y por lo menos vamos a comer o cenar juntos. ¿Cuándo te va bien?
Bueno, muchísimas felicidades por adelantado. **Divertíos en la fiesta y tomaos una copa a mi salud, ¿eh? ❹**
Un saludo,

Esther

件名：Re：誕生日パーティー

マルコスへ！
元気ですか？
あなたの誕生日パーティーに招待してくれてどうもありがとう。**本当はすごく参加したい❶**んだけれど、**ちょうど5月はひと月インターンシップでコスタリカにいる❷**ので、6月の初めまでマドリードに戻れないのよ。**ごめんなさいね。❸**
もし、最終的にパーティーの日にちが変わったらまた教えてね。そうでなければ、私が戻ってから改めて別の日にランチかディナーしようよ。いつなら都合がいい？
ともかくちょっと早いけれど、お誕生日おめでとう。**みんなでパーティーを楽しんで、私の分も乾杯しておいてね。❹**
よろしく。
エステル

Variaciones » バリエーション

❶「本当はすごく参加したい」

La verdad es que me encantaría ir.

Ojalá pudiera ir a tu fiesta de cumpleaños.
君の誕生日パーティーに行けたらよかったのに。

Ya me gustaría poder ir a cenar con todos vosotros.
私もみんなと一緒にディナーに行きたかったんだけれど。

❷「ちょうど5月はひと月インターンシップでコスタリカにいます」

Justamente voy a estar en Costa Rica para hacer unas prácticas todo el mes de mayo.

Justo me han puesto un examen muy importante el lunes siguiente.
ちょうど来週月曜はすごく大事な試験の日なんだ。

Sintiéndolo mucho esos días voy a estar de viaje en Granada.
本当に申し訳ないけど、その頃はグラナダに旅行に行ってるんだ。

❸「ごめんなさいね」

Lo siento mucho.

Siento mucho no poder ir.
行けなくて本当にごめん。

Me sabe fatal no poder ir.
参加できなくて申し訳ない。

❹「みんなでパーティーを楽しんで、私の分も乾杯しておいてね」

Divertíos en la fiesta y tomaos una copa a mi salud, ¿eh?

Pasáoslo bien y no bebáis demasiado.
みんなで楽しんできて。飲みすぎないようにね。

A la próxima me apunto sin falta.
次回は絶対参加するよ。

¿Sabías que...? ▶▶▶ ポイント

● 誘いを断る表現
日本では招待や誘いを断るとき、「約束があるから」という言い方をよくします。スペイン語に訳すと「Tengo una cita.（約束があるから）」となりますが、これをスペイン語圏の人が聞くと、「歯医者の予約かな？」「デートかな？」と考えてしまいます。簡単で構わないので「友達と会う約束がある」「…に旅行の予定がある」など、断る理由を具体的に伝えた方が親切でしょう。

08 「パーティー楽しかったよ」
招待のお礼を伝える

05 で招待されたパーティーのお礼を伝えます。

Asunto: ¡Menudo fiestón!

¡Hola, Marcos!

¿Qué tal? **¿Ya te has recuperado? Yo todavía tengo un poco de resaca, pero estoy bien.** ❶
Te escribo para darte las gracias por la fiesta de ayer. ❷ ¡Fue espectacular! **Me lo pasé genial**❸, bueno, yo y todo el mundo. La comida del restaurante estaba buenísima, no podía parar de comer, y la música de la discoteca a la que fuimos después me encantó. Todo el mundo bailaba y el ambiente era súper divertido. Además, tus amigos son lo mejor. **Me cayeron muy bien, como si los conociera de toda la vida.** ❹ La verdad es que me encanta conocer gente nueva. Estaría bien salir de fiesta todos juntos otra vez.
Bueno, te dejo que quiero terminar el trabajo para el seminario de Historia. Nos vemos mañana en clase (nada de hacer novillos jaja).
Saludos,

Hiroshi

P.D.: He subido algunas fotos al Facebook.

件名：パーティー楽しかったよ！
マルコスへ！
どうしてる？　君はもう復活した？　僕はまだちょっと二日酔いだけど、大丈夫だよ。❶
君に昨日のパーティーのお礼を伝えようと思ってメールしてるんだ。❷　素晴らしかったよ！最高に楽しかった❸、僕もそうだしみんなもね。レストランの料理は食べだしたら止まらないほどおいしかったし、その後に行ったクラブの音楽も気に入った。みんな踊りまくって、超盛り上がってたよね。それに、君の友達はマジ最高だよ。僕とすごく気が合って、まるで昔からの知り合いみたいだった。❹　実は、僕は新しい仲間と出会うのが大好きなんだ。またみんなで飲みに行きたいな。
じゃあ、僕は今から歴史ゼミのレポートを仕上げるからこの辺で。明日授業で会おう（サボるなよ。笑）。よろしく。　ヒロシ
追伸　フェイスブックに写真をアップしたよ。

Variaciones » バリエーション

❶「君はもう復活した？　僕はまだちょっと二日酔いだけど、大丈夫だよ」

¿Ya te has recuperado? Yo todavía tengo un poco de resaca, pero estoy bien.

¿Te has despertado ya? Yo aún estoy borrachísimo. Me encuentro fatal.
もう目が覚めた？　俺はまだべろべろだよ。最悪な気分。

¿De vuelta al mundo real? A mí me duele un poco la cabeza, pero no pasa nada.
現実の世界に戻った？　私は少し頭が痛いけど、大したことないよ。

❷「君に昨日のパーティーのお礼を伝えようと思ってメールしてるんだ」

Te escribo para darte las gracias por la fiesta de ayer.

Muchísimas gracias por la fiesta de ayer.
昨日のパーティーでは本当にありがとう。

Te envío este email porque quiero agradecerte que me invitaras a tu fiesta.
パーティーに呼んでくれたお礼を伝えたくて君にメールしています。

❸「最高に楽しかった」

Me lo pasé genial.

Me divertí muchísimo.
すごく楽しかったよ。

No tengo palabras para explicar lo bien que me lo pasé.
どんなに楽しかったか、言葉にできないくらいだよ。

❹「僕とすごく気が合って、まるで昔からの知り合いみたいだった」

Me cayeron muy bien, como si los conociera de toda la vida.

Eran supersimpáticos. Parecía que los conocía desde hace años.
超いいやつらだった。何年も前から僕と知り合いだったような気がしたよ。

Me parecieron muy agradables, en seguida tuve confianza con todos ellos.
とても感じがいい人たちだったから、すぐみんなと仲良くなれた。

¿Sabías que...? ▶▶▶ ポイント

● como si＋接続法過去　「まるで…かのように」[現在の事実に反する仮定、実現が不可能であると予想される仮定を表す]
Alfredo tiene mala cara, como si estuviera enfermo.
（アルフレドはまるで病気のように顔色が悪い）

09 「プレゼントありがとう」
贈り物のお礼を伝える

出産祝いのプレゼントのお礼を伝えます。

Asunto: Muchas gracias

Estimada Noriko:

¿Qué tal estás? ¿Cómo va todo por allí?
Nosotros llevamos unas semanas muy muy ocupados. Ya te puedes imaginar, **desde que nació Alejandra no tenemos ni un minuto libre**❶ y por la noche apenas podemos dormir porque llora mucho.
Pero bueno, la verdad es que estamos encantados. **¡Es tan guapa!**❷
Sólo con mirar su cara cuando está dormida se nos quita todo el cansancio.
Por cierto, hemos recibido tu regalo. **¡Es un vestido precioso!**❸
Muchas gracias. **Ya se lo hemos probado y le queda fenomenal.**❹
Te enviamos una foto para que lo puedas comprobar tú misma.
¡Ah!, te dejo que creo que Alejandra se está despertando.
Te escribo cuando todo esté ya un poco más tranquilo. Y muchas gracias de nuevo.
Un abrazo,

Víctor y Maite

件名：どうもありがとう

ノリコへ
どうしてる？　そっちはすべてうまくいってる？
私たちはここ数週間めちゃめちゃ忙しいよ。ご想像通り、**アレハンドラが生まれてから1分たりとも自由がないの。**❶　それに夜泣きがひどくて二人とも寝不足よ。
でも幸せでいっぱいだわ。**だってとってもカワイイんだもの！**❷　アレハンドラの寝顔を見ていると疲れもすべて吹っ飛ぶわ。
ところで、あなたからのプレゼント受け取ったよ。**すてきなお洋服ね！**❸　どうもありがとう。さっそく着せてみたら**すごく似合ってたわ！**❹　写真を送るから見てみて。
あっ、アレハンドラが起きそうだからこの辺にしておくね。
ちょっと落ち着いたらまたメールするね。改めて、ありがとう。
ハグを送ります。
ビクトル&マイテより

Variaciones　》　バリエーション

❶「アレハンドラが生まれてから1分たりとも自由がないの」
Desde que nació Alejandra no tenemos ni un minuto libre.

Ha sido nacer Alejandra y quedarnos sin nada de tiempo libre.
アレハンドラが生まれてから、私たちには自由な時間がまったくなくなった。

Desde que tuvimos a Alejandra no paramos.
アレハンドラが生まれてから、私たちは休む暇がない。

❷「だってとってもカワイイんだもの！」
¡Es tan guapa!

¡Es monísima!
かわいすぎる！

¡Es un ángel!
天使みたい！

❸「すてきなお洋服ね！」
¡Es un vestido precioso!

Es muy bonito. Nos encanta.
かわいいね。気に入ったわ。

Conoces mis gustos a la perfección.
私の好みをよく分かっているね。

❹「さっそく着せてみたらすごく似合ってたわ！」
Ya se lo hemos probado y le queda fenomenal.

Ya se lo hemos puesto y le va genial.
もう着せてみたけどすごく似合ってる。

Hoy lo ha estrenado y le viene como anillo al dedo.
今日初めて着せたら、ピッタリだった。

¿Sabías que...? ▶▶▶ ポイント

● 呼び掛けの言葉
赤ちゃんが生まれ、初めてパパとママになった夫婦は「幸せでいっぱいだわ」「だってとってもカワイインだもの！」と、うれしい感情を周りにオープンに表現します。
子供への呼び掛けは国により異なりますが、スペインでは、cariño（愛情）、cielo（空）、corazón（ハート）、mi amor（私の愛）、mi vida（私の命）、mi princesa（私のプリンセス）、mi tesoro（私の宝）などがよく使われます。

10 「お世話になりました」 旅先で世話になったお礼を伝える

スペイン滞在中にお世話になった友人にお礼を伝えます。

Asunto: Gracias por todo

Hola, Pedro:

Por fin llegué ayer a Tokio. Entre el transbordo en París y el tren desde Narita hasta mi casa, al final fueron casi veinte horas de viaje. **En cuanto entré en casa, me fui a la cama directamente. Estaba cansadísimo.** ❶

Bueno, ahora que tengo un momento para escribirte, **quería agradecerte todo lo que has hecho por mí durante mi estancia en España.** ❷ **No sé qué habría hecho sin tu ayuda, la verdad.** ❸
Cuando todavía no sabía nada de la ciudad y no hablaba español muy bien, tuve la suerte de conocerte y a partir de ahí todo fue más fácil. Además, me presentaste a todos tus amigos e incluso a tu familia, y me hiciste de guía unas cuantas veces. Muchísimas gracias. **Desde luego, ha sido una experiencia maravillosa que no olvidaré jamás.** ❹
Por supuesto, sabes que tienes casa aquí en Tokio, así que si alguna vez vienes a Japón, avísame sin falta.
Bueno, seguimos en contacto.
Saludos y recuerdos a todos.

Ryo

件名：何もかもありがとう

ペドロへ

僕はやっと昨日、東京に帰ってきたよ。パリでの乗り継ぎや、成田からうちに着くまでの電車も含めると、全部で20時間くらいかかったよ。家に着いてすぐベッドに直行した。めっちゃ疲れたよ。❶
でも、やっと、君にメールする時間ができた。そこでまずは、スペイン滞在中に君にお世話になったことを感謝したいと思ってる。❷　君の手助けがなかったら、本当に僕はどうしていたか分からない。❸　町のことが全然分からずスペイン語もあまりうまく話せなかった時、運よく君と知り合って、そこからすべてうまくいくようになったよ。さらに、僕を君の友達みんなと家族にまで紹介してくれたし、いろんな所を案内してくれた。本当にありがとう！　おかげで、一生忘れられない素晴らしい経験になったよ。❹
もし君が日本に来ることがあれば、必ず知らせてね。もちろん、東京にも君の家があるんだからね。じゃあ、これからも連絡を取り合おう。
お元気で、みんなにもよろしく。　リョウ

2 プライベートのメール

> **Variaciones** » バリエーション

❶「家に着いてすぐベッドに直行した。めっちゃ疲れたよ」

En cuanto entré en casa, me fui a la cama directamente. Estaba cansadísimo.

Fue entrar en casa y acostarme en seguida. Estaba muerto de cansancio.
僕は家に着いてすぐ寝たよ。死ぬほど疲れてた。

A causa de jet lag, se me cerraban los ojos del cansancio.
時差ボケだったので、疲れてうとうとしていた。

❷「そこでまずは、スペイン滞在中に君にお世話になったことを感謝したいと思ってる」

Quería agradecerte todo lo que has hecho por mí durante mi estancia en España.

Me gustaría darte las gracias por haberme ayudado tanto mientras he estado en España.
スペインにいた時とてもお世話になったこと、感謝しています。

Tengo que decirte gracias por tu inestimable ayuda durante mis vacaciones en España.
スペインで休暇中に何度も世話になったから、君にお礼を言いたいです。

❸「君の手助けがなかったら、本当に僕はどうしていたか分からない」

No sé qué habría hecho sin tu ayuda, la verdad.

Si no te hubiera conocido, no sé qué habría sido de mí.
もし君と知り合わなかったら、私はどうなっていたか分からない。

Sin tu ayuda, seguramente no habría disfrutado tanto.
君の手助けがなかったら、たぶんあんなに楽しめなかったと思う。

❹「おかげで、一生忘れられない素晴らしい経験になったよ」

Desde luego, ha sido una experiencia maravillosa que no olvidaré jamás.

Sin duda, han sido los mejores meses de mi vida. Nunca los olvidaré.
間違いなく、僕の人生で最高の数カ月だった。絶対忘れないよ。

Sin lugar a dudas, ha sido un viaje increíble que ha quedado grabado en mi memoria para siempre.
紛れもなく、ずっと記憶に残る、信じられないくらいすてきな旅だった。

> ¿Sabías que...? ▶▶▶ ポイント

- entre... y...「…やら…やらで」[2つ以上の事が原因で悪い結果を招いたときによく使う]
  Entre el dinero del billete y los hoteles, al final el viaje me ha salido bastante caro.
  （チケット代やらホテル代やらで旅行は結構高くついた）

11 「メキシコに行く予定です」
旅行の予定を知らせる

友人にメキシコ旅行について知らせます。

Asunto: ¡México, allá voy!

Hola, Silvia:

¿Cómo va todo por México? Aquí los cerezos ya han empezado a florecer y mucha gente está yendo estos días a ver sus flores en los parques de la ciudad. Yo también fui el domingo pasado. Te envío una foto con mis amigos. ¿A que es precioso?
Bueno, te escribo porque tengo una gran sorpresa. ❶ El mes que viene hay unos días de fiesta aquí en Japón y **estoy pensando en ir a México de viaje un par de semanas** ❷, y por supuesto me gustaría verte. Esta vez no es un viaje organizado sino que voy yo sola. Todavía no sé exactamente cuándo, pero probablemente será la primera semana de mayo, más o menos. Los primeros días voy a estar en Cancún, pero la segunda mitad del viaje quería ir a Ciudad de México para visitarte.
¿Qué te parece? ❸ ¿Podría quedarme en tu casa unos días, si no te molesta?
Escríbeme y me cuentas si te van bien las fechas o no. ❹
Espero tu respuesta.
Un saludo,

Atsuko

件名：メキシコに行きます！

シルビアへ

メキシコでは最近どうですか？　こちらは桜の花が咲き始め、連日大勢の人が町の公園にお花見に出掛けています。私もこの前の日曜に行きました。友人と一緒に撮った写真を送るね。きれいでしょう？
ところで、あなたにメールしているのは、すごいサプライズがあるからです。❶　日本では来月、大型連休があるので、数週間メキシコに行こうかと考えているの。❷　そしてぜひあなたにも会いたいと思っています。今回はツアーじゃなくて一人旅です。まだ決まってないけれど、たぶん5月の第1週目ごろになる予定です。最初の数日はカンクンに行って、旅の後半はあなたを訪ねてメキシコシティーに行きたいと思っています。どうかしら？❸　迷惑でなければ、あなたのお宅に何日か泊まらせてもらってもいいですか？　この日程であなたの都合が良いかどうか教えてね。❹
お返事待っています。
よろしくね。　アツコ

Variaciones　» バリエーション

❶「ところで、あなたにメールしているのは、すごいサプライズがあるからです」

Bueno, te escribo porque tengo una gran sorpresa.

Te mando este correo porque tengo algo muy importante que contarte.
あなたに今回メールを送ってるのは、すごく大事なお知らせがあるからなんだ。

¿Sabes qué? Tengo buenas noticias.
聞いて！　ビッグ・ニュースがあるの。

❷「数週間メキシコに行こうかと考えているの」

Estoy pensando en ir a México de viaje un par de semanas.

Voy a ir a México de viaje unos cuantos días.
私は数日間、旅行でメキシコに行きます。

Estoy planeando ir a visitarte unos días en mayo.
私は5月中に何日かあなたを訪ねようと計画してます。

❸「どうかしら？」

¿Qué te parece?

¿Cómo lo ves?
どう思う？

¿Qué te parece la idea?
この考え、どう？

❹「この日程であなたの都合が良いかどうか教えてね」

Escríbeme y me cuentas si te van bien las fechas o no.

Dime si te viene bien en mayo o no, ¿vale?
5月で都合がいいかどうか教えてね！

Bueno, ya me dices si estás libre o no durante esas fechas.
じゃあ、この期間あなたがフリーかどうか知らせて。

¿Sabías que...? ▶▶▶ ポイント

● ¿A que...?「きっとだよね」[相手に同意を求めるときに使う]
¿A que la película era divertida?（その映画、面白かったでしょう？）
¿A que María es simpática?（マリアって感じいいと思わない？）
¿A que está bueno?（おいしいよね？）

12 「楽しみにしています」 訪問を喜ぶ

> 11 に返信し、友人の訪問を喜びます。

Asunto: Re: ¡México, allá voy!

¡Cuánto tiempo, Atsuko!

No te imaginas cuánto me he alegrado al leer tu correo. ❶ ¿Así que vas a venir a México? Me parece una idea estupenda.
Por supuesto que te puedes quedar en mi casa todos los días que quieras. ❷ Faltaría más. Para eso están los amigos, ¿no? Cuando sepas la fecha exacta, dímelo y así podemos hacer planes. **¿Has pensado lo que quieres hacer?** ❸ Supongo que podré cogerme algunos días libres para enseñarte un poco la ciudad.
Por cierto, vienes en avión desde Cancún, ¿no? Dime en qué vuelo y a qué hora llegas porque a lo mejor puedo ir al aeropuerto a recogerte.
¡Ah!, si no te importa, ¿puedes traerme un poco de té verde japonés? Ya sabes que me encanta. **Tengo muchas ganas de verte.** ❹
Un beso,

Silvia

件名：Re:メキシコに行きます！
アツコ、久しぶりね！
あなたのメールを読んでどんなにうれしかったか分かる？❶　メキシコに来るんですって？！素晴らしいアイデアね。
もちろん私の家に何日でも泊まっていいよ。❷　当たり前でしょう。だって友達ってそのためにいるんだから。日程が決まったら教えてね。それで計画を立てましょう。**何かしたいことある？**❸
あなたを案内するのに何日か空けておくつもり。
ところで、カンクンからは飛行機で来るんでしょう？　空港まで迎えに行けると思うから、便名と到着時間を教えてね。
あっ！　もしよかったら、日本の緑茶を少し持ってきてくれる？　私、大好きなのよ。**あなたにとっても会いたいわ。**❹
キスを送ります。
シルビア

Variaciones　»　バリエーション

❶「あなたのメールを読んでどんなにうれしかったか分かる?」

No te imaginas cuánto me he alegrado al leer tu correo.

¡Qué alegría cuando he visto que vas a venir a verme!
あなたが会いに来てくれると知って、どんなにうれしかったか!

No veas lo contenta que me he puesto con tu email.
あなたのメールで私がどんなに喜んでいるか分かる?

❷「もちろん私の家に何日でも泊まっていいよ」

Por supuesto que te puedes quedar en mi casa todos los días que quieras.

Claro que puedes dormir en mi casa, tantos días como haga falta.
もちろん、何日でも好きなだけ私の家に泊まっていいよ。

Te quedas en mi casa. Decidido.
僕の家に泊まりなよ。決まりだね。

❸「何かしたいことある?」

¿Has pensado lo que quieres hacer?

¿Hay algún sitio al que quieras ir?
どこか行きたい所ある?

¿Quieres visitar muchas cosas o prefieres hacer algo más tranquilo?
いろいろ見て回りたい?　それとものんびりしたい?

❹「あなたにとっても会いたいわ」

Tengo muchas ganas de verte.

¡Qué ganas de verte!
君にすごく会いたいよ!

¡Qué ilusión poder verte de nuevo!
またあなたに会えるなんて夢みたい!

¿Sabías que...? ▶▶▶ ポイント

● 承諾とつなぎの表現
　faltaría más ＝ no faltaba más 「もちろんどうぞ」[相手の依頼を承諾するときに使う]
　por cierto 「ところで」[話の途中で急にほかの事を思い出したときに使う]
　類義語に a propósito があります。

13 「行けなくなりました」
予定の延期・中止

✉ 11 の旅行がキャンセルになったことを伝えます。

Asunto: Re: ¡México, allá voy!

Hola, Silvia:

¿Cómo estás? **Tengo malas noticias.** ❶ **Resulta que a mi madre le han diagnosticado cáncer de mama y la tienen que operar.** ❷ Parece ser que se lo han encontrado a tiempo y su vida no corre peligro pero, como te imaginarás, está muy deprimida. Con lo alegre que es ella normalmente...
Y bueno, la operación está programada para el mes que viene, justo antes del viaje que tenía planeado, **así que lo voy a tener que cancelar todo.** ❸ Es una pena. Tenía tantas ganas de verte. ❹
Además, seguro que ya habías pensado o preparado algo para cuando fuera, ¿verdad? Lo siento mucho.
Creo que lo mejor es que me quede con ella hasta que se encuentre mejor. Una vez se hayan calmado las cosas, voy a preparar de nuevo el viaje para ir a visitarte sin falta. De todas maneras ya te iré informando. Seguimos en contacto.

Atsuko

件名：Re:メキシコに行きます！
シルビアへ　変わりないですか？
こちらはちょっと大変なことが起きました。❶　実は、私の母に初期の乳がんが見つかり、**手術をすることになったの。**❷　今回は早期発見できたから、命に別条はないようだけれど、本人はかなりショックでひどく落ち込んでいるわ。普段は元気な母なんだけれど…。
そして手術の日程が、どうやら来月の旅行の直前になりそうなの。そんな訳で、**今回の旅行はすべて中止することになりました。**❸　本当に残念。あなたに会いたかったわ。❹　きっとあなたも、私のためにいろいろプランを立ててくれていたでしょう？　本当にごめんなさいね。
でもやはり今は、母の病状が良くなるまで、彼女のそばにいてあげたいと思っています。すべてが落ち着いたら、必ずあなたに会いに行けるよう再度旅行の計画を立てるね。とにかく、また状況を知らせます。
お互い連絡を取り合いましょうね。　　アツコ

Variaciones　》　バリエーション

❶「こちらはちょっと大変なことが起きました」
Tengo malas noticias.
Ha pasado algo terrible.
ひどいことが起きました。

No te vas a creer lo que ha pasado.
何が起きたか君には信じられないと思う。

❷「実は、私の母に初期の乳がんが見つかり、手術をすることになったの」
Resulta que a mi madre le han diagnosticado cáncer de mama y la tienen que operar.
Mi padre se cayó el otro día paseando al perro y se rompió la pierna.
この前、父が犬の散歩中に転び、脚の骨を折りました。

Me han puesto un viaje de negocios justo en esas fechas.
ちょうどその期間に出張が入りました。

❸「そんな訳で、今回の旅行はすべて中止することになりました」
Así que lo voy a tener que cancelar todo.
Voy a tener que pensar otras fechas para visitarte.
あなたを訪ねるには別の日程を考えないといけなくなりました。

Por tanto, tendré que reorganizar un poco mi viaje.
そういう訳で、旅行の計画を少し見直す必要が出てきました。

❹「本当に残念。あなたに会いたかったわ」
Es una pena. Tenía tantas ganas de verte.
¡Es una lástima! Estaba muy ilusionada.
残念！　すごく楽しみにしていたのに。

Estoy muy triste. Con las ganas que tenía de ir.
悲しいな。行く気満々だったのに。

¿Sabías que...? ▶▶▶ ポイント

- Resultar que ＋直説法　「(意外にも) …という結果になる」
  Resulta que tengo que trabajar el domingo. (日曜日も働かなくてはいけなくなった)
- de todas maneras ＝ de todas formas　「とにかく」
  De todas formas te llamo cuando llegue a casa. (とにかく、家に着いたら電話するね)

14 「ルームメートのことで相談があります」
悩みの相談

友人に悩みを相談します。

Asunto: Tengo un problema

¡Hola, Jorge!

¿Qué tal? Ya han pasado tres meses desde que vine a España y por fin empiezo a acostumbrarme a la vida de aquí. Sin embargo, **últimamente tengo un pequeño problema y quería consultártelo.** ❶
Se trata de Abel, mi compañero de piso, ¿te acuerdas de él? Pues bien, **lo que pasa es que nunca friega los platos después de comer o cenar, y siempre pone la misma excusa** ❷, que no tiene tiempo ahora y lo hará después. Pero la verdad es que nunca lo hace y normalmente me toca a mí limpiar sus cosas, además de las mías, cuando yo preparo algo. Al principio no me importaba tanto, pero ya parece una costumbre y creo que es demasiado. **Yo ya se lo he dicho unas cuantas veces, pero no sé qué más puedo hacer.** ❸ Tampoco quiero que se enfade. No es que sea un mal chico, sino que creo que no está acostumbrado a vivir solo.
¿Tú qué harías? ¿Me puedes dar algún consejo? ❹
Muchas gracias,

Takahiro

件名：相談があります

ホルヘへ！

調子はどう？　スペインに来てからもう3カ月、やっとこっちの生活に慣れてきたよ。でも、**最近ちょっとした悩みがあって君に相談したいんだ。**❶
僕のルームメート、アベルのことだけど、覚えてる？　実は、**彼が昼食や夕食の後ちっとも皿洗いをしなくて、いつも同じ言い訳をするんだ。**❷　今時間がないから後でするよって。でも、実際は全然やらないんだよ。結局、僕が何か料理した時に、彼の分まで洗うハメになる。初めは大して気にならなかったけど、もうそれが習慣みたいになって、あんまりだと思うんだ。**このことはもう何度も彼に言ったけど、これ以上どうしたらいいのか分からなくて。**❸　彼を怒らせるのも嫌だし。悪いヤツじゃないんだよ、ただ、親元を離れて暮らすのに慣れてないんだと思う。
君ならどうする？　何かアドバイスをくれないかな？❹
どうかよろしく。
タカヒロ

Variaciones　» バリエーション

❶「最近ちょっとした悩みがあって君に相談したいんだ」
Últimamente tengo un pequeño problema y quería consultártelo.

Estos días hay una cosa que me molesta y me gustaría comentártela.
この何日か、嫌なことがあって君に話したいと思ってるんだ。

De un tiempo para aquí hay algo que me preocupa y quería pedirte consejo.
この間から気がかりなことがあって、あなたのアドバイスがほしいんです。

❷「実は、彼が昼食や夕食の後ちっとも皿洗いをしなくて、いつも同じ言い訳をするんだ」
Lo que pasa es que nunca friega los platos después de comer o cenar, y siempre pone la misma excusa.

A veces coge mi comida de la nevera y se la come.
時々、彼が冷蔵庫にある僕の食べ物を取って食べちゃうんだ。

Siempre está trayendo amigos a casa y no puedo estudiar.
いつも家に友達を連れて来るから、勉強ができないんだ。

❸「このことはもう何度も彼に言ったけど、これ以上どうしたらいいのか分からなくて」
Yo ya se lo he dicho unas cuantas veces, pero no sé qué más puedo hacer.

Se lo he comentado muchas veces, pero parece que no me escucha.
何度も彼に言ったんだけど、僕の言うことを聞いてくれないみたいだ。

Ya he hablado con él varias veces, pero pasa de mí.
彼と何度も話したんだけど、僕のことスルーするんだ。

❹「君ならどうする？　何かアドバイスをくれないかな？」
¿Tú qué harías? ¿Me puedes dar algún consejo?

¿Qué hago? ¿Tienes alguna idea?
どうしたらいい？　何かいいアイデアある？

¿Qué debería hacer? Dame algún consejo, por favor.
どうすべきだろう？　頼むから、何かアドバイスをくれないか。

¿Sabías que...?　▶▶▶　ポイント

● No es que＋接続法, sino que＋直説法　「…じゃなくて…なんだ」
No es que no me guste la paella, sino que ahora no tengo hambre.
（私はパエージャが嫌なわけじゃなくて、今おなかが空いていないだけなのよ）

15 「…してみたらどう？」アドバイスする

✉ 14の相談メールに返信します。

Asunto: Re: Tengo un problema

¿Cómo estás, Takahiro?

Ya veo que poco a poco te vas adaptando a la vida en España. Me alegro. **En cuanto a lo de Abel, lo siento mucho, comprendo cómo te sientes.** ❶ Yo no lo conozco tanto, así que no sabía cómo es como compañero de piso pero, **de todas formas, creo que es un problema menor que tiene solución.** ❷
Yo creo que deberíais hablar los dos y establecer algunas reglas en la casa ❸, por ejemplo comprometerse a fregar los platos y todo lo que se haya utilizado el mismo día, no más tarde; recoger la mesa y el salón, etc. Tal vez así se acostumbra. Por otro lado, os recomiendo que hagáis un horario de limpieza separado por días y habitaciones de la casa, de manera que cada día una persona limpie una habitación diferente. Yo solía hacer esto cuando compartía piso. **Bueno, espero que te haya sido de ayuda y la situación mejore.** ❹ Y no dudes en contactarme si necesitas cualquier cosa.
¡Ánimo!

Jorge

件名：Re: 相談があります
タカヒロ、元気にしてる？
スペインでの生活に少しずつ慣れてきたんだね。うれしいよ。**アベルの一件はすごく大変だね、君の気持ちが分かるよ。**❶ 彼のことはあまり知らないから、ルームメートとしてどうなのかは分からない。それはともかく、**これは解決できる些細な問題だと思うよ。**❷
僕が思うに、君たち二人で話し合って、家の中でのルールを決めたらどうかな。❸ 例えば、その日のうちにお皿や使った物を全部洗う、翌日に持ち越さない、テーブルやリビングは片付ける、とか約束するんだ。たぶんそれで慣れるよ。もう1つは、曜日と部屋ごとに掃除のスケジュールを決めて、毎日どちらか一人が、どこかひと部屋を掃除するのもお勧めだよ。僕がルームシェアをしてた時、こうやっていたよ。**どう、ちょっとは君の役に立てたかな？　改善するといいね。**❹ また何かあったら遠慮なく言ってね。
頑張って！　　　ホルヘ

Variaciones　》》　バリエーション

❶「アベルの件はすごく大変だね、君の気持ちが分かるよ」

En cuanto a lo de Abel, lo siento mucho, comprendo cómo te sientes.

Sobre Abel, siento mucho lo que está pasando, te entiendo perfectamente.
アベルのこと、すごく残念な状況になってるね。君の気持ちが手に取るように分かるよ。

Sobre lo de Abel, me sabe fatal, sé muy bien por lo que estás pasando.
アベルの件はひどいね、君の状況はよく分かるよ。

❷「それはともかく、これは解決できる些細な問題だと思うよ」

De todas formas, creo que es un problema menor que tiene solución.

Aun así, no creo que sea un problema tan grande y es fácil de solucionar.
それにしても、そう大した問題とは思えないし、簡単に解決できるよ。

De todos modos, me parece que no es grave y se puede resolver fácilmente.
とにかく、深刻な問題ではないからすぐ解決できると思うよ。

❸「僕が思うに、君たち二人で話し合って、家の中でのルールを決めたらどうかな」

Yo creo que deberíais hablar los dos y establecer algunas reglas en la casa.

¿Por qué no habláis los dos y ponéis algunas normas en la casa?
二人で話し合って、家の中の決まりを作ったら？

Yo que tú hablaría con él y entre los dos pensaría unas cuantas normas para la casa.
僕だったら、彼と話して家の中での決まりをいくつか一緒に考えるけど。

❹「どう、ちょっとは君の役に立てたかな？　改善するといいね」

Bueno, espero que te haya sido de ayuda y la situación mejore.

Ojalá te sirvan mis consejos. Ya verás como todo se arregla pronto.
僕のアドバイスが役に立つといいな。きっと近いうちに解決するよ。

Venga, intenta hacer lo que te he propuesto. Yo creo que se solucionará todo.
さあ、僕が言ったことをやってみて。きっと解決すると思うよ。

¿Sabías que...?　▶▶▶　ポイント

● アドバイス
Yo, en tu lugar, no me fiaría de Marisa.
（僕が君の立場だったら、マリサのこと信じないけど）
Deberías hacer más deporte.（君はもっと運動した方がいいよ）

16 「…してもらえませんか？」
頼みごとをする
友人にスペイン語のチェックを依頼します。

Asunto: Un favor

¡Hola, Rosa!

¿Qué tal? Te escribo porque quería pedirte un favor. No sé si te lo he comentado alguna vez o no, pero llevaba un tiempo pensando en cambiar de trabajo, a poder ser uno en el que pudiera usar el español. Y por fin, esta semana he encontrado un anuncio para un puesto en la Oficina de Turismo de Cuba en Tokio. ¿Suena bien, verdad?
Llevo muchos años trabajando en el sector turístico, así que creo que en este nuevo trabajo podría aprovechar toda mi experiencia anterior. Además, hace poco aprobé el DELE B2, que es una de las condiciones que piden para trabajar allí.
Y bueno, ahí va el favor. **Tengo que enviar la solicitud** ❶ y algunos documentos son en español. **¿Me los podrías corregir?** ❷ Es una carta de presentación y mi currículum, pero estoy segura de que hay muchos errores. **Sé que estás bastante ocupada, pero si tuvieras tiempo, me harías un gran favor.** ❸ **Si no puedes, no pasa nada.** ❹
A ver si podemos hablar un día más tranquilamente.
Espero tu respuesta.

Sachiko

件名：お願い

ロサへ！　元気？　今日はあなたにお願いがあってメールしています。話したかどうか分からないけど、実は前から転職したくてスペイン語を使える仕事を探していました。そしてついに今週、東京にあるキューバ観光オフィスの求人を見つけました。良さそうじゃない？
長年、旅行業界で働いていたから、ここなら自分の経験も活かせると思う。それにこの前DELE試験のB2に受かったから、応募条件も1つクリアしているし。
そこで、あなたにお願いがあります。スペイン語で書いた応募書類を送らないといけないので❶、それをチェックしてもらえないかしら？❷　自己紹介書と履歴書だけど、きっと間違いがたくさんあると思うから。あなたも結構忙しいと思うけど、時間があればぜひお願いします。❸　でも、もしできなくても気にしないでね。❹
今度ゆっくり話したいね。
ではお返事を待ってます。　　サチコ

Variaciones　»　バリエーション

❶「応募書類を送らないといけないの」
Tengo que enviar la solicitud.

Necesito mandar unos documentos en español.
スペイン語の書類を送る必要があります。

Tengo que presentar algunos documentos en español.
スペイン語で書類を提出しないといけないの。

❷「それをチェックしてもらえないかしら?」
¿Me los podrías corregir?

¿Te importaría echarle un vistazo al currículum?
履歴書に目を通してもらえないでしょうか?

¿Puedes revisar el español de los dos documentos que te adjunto?
添付した2通の書類のスペイン語を見てもらえる?

❸「あなたも結構忙しいと思うけど、時間があればぜひお願いします」
Sé que estás bastante ocupada, pero si tuvieras tiempo, me harías un gran favor.

Ya sé que tienes mucho trabajo, pero si no es mucho pedir, me serías de gran ayuda.
あなたが仕事を沢山抱えてるのは知ってるけど、大変でなければ力を貸してくれない?

Supongo que ya tienes muchas cosas que hacer, pero si tuvieras un momento, te lo agradecería.
きっとあなたもやる事だらけだと思うけど、少し時間を割いてくれたら助かります。

❹「もしできなくても気にしないでね」
Si no puedes, no pasa nada.

Si no tienes tiempo, no te preocupes.
時間がなかったら、心配しないで。

Si no puede ser, tranquila, no hay problema.
もし無理なら、大丈夫。問題ないから。

¿Sabías que...? ▶▶▶ ポイント

● お願いするときのマナー
友人に依頼をするときは、相手の立場になって一方的にならないように心掛けます。本文のように「チェックしてもらえないかしら?」とお伺いを立てると、ソフトな印象を与えます。また、相手が断りやすいように「もしできなくても気にしないでね」とひと言書いておくと親切でしょう。

17 「大丈夫ですよ」
頼みを引き受ける

✉ 16 に返信し、依頼を引き受けます。

Asunto: Re: Un favor

¡Hola, Sachiko!

¡Cuánto tiempo! Por aquí todo sigue igual, y además últimamente no estoy tan ocupada. La semana pasada terminó el periodo de exámenes y ya estoy de vacaciones de verano.
¿Así que quieres cambiar de trabajo? **La verdad es que lo de la oficina de turismo suena muy bien.** ❶ Espero que consigas el trabajo. **En cuanto a los documentos, claro que puedo ayudarte, no te preocupes.** ❷ Estoy acostumbrada a corregir a mis estudiantes todos los días. Es pan comido. Además, tú siempre me ayudas en todo, lo haré encantada.
Dime para cuándo los necesitas y así los tendré preparados. ❸
Además, no seas tan humilde, que seguro que no tienes casi errores. Me acuerdo que cuando estabas aquí en España hablabas perfectamente.
Bueno, espero tus documentos. ❹
Un saludo,

Rosa

件名：Re: お願い

サチコへ！

久しぶりね！　こっちは相変わらずで、最近そんなに忙しくないの。先週、学生たちの試験が終わって、やっと夏休みに入ったところなんだ。
そっか、転職を考えているのね？　確かに、**観光オフィスの話はすごく良さそうね！**❶　その仕事に就けたらいいね。**もちろん書類の件は協力するわ。心配しないで。**❷　私はいつも学生たちの答案を採点しているから慣れているわ。お安い御用よ。それにあなたにはいつもお世話になっているから喜んで力になるわ。
いつまでに必要か教えて。間に合わせるから。❸
それに、そんなに謙遜しないで。きっと、ほとんど間違いなんてないよ。あなたがスペインにいた時、完璧に話してたのを覚えてるもの。
じゃあ、書類を待ってるね。❹
よろしく。
ロサ

Variaciones » バリエーション

❶「確かに、観光オフィスの話はすごく良さそうね!」

La verdad es que lo de la oficina de turismo suena muy bien.

El puesto de trabajo en el Instituto Cervantes parece muy interesante.
セルバンテス協会の求人はすごく面白そうだね。

El trabajo en LOEWE tiene muy buena pinta.
ロエベの仕事はとっても良さそうね。

❷「もちろん書類の件は協力するわ。心配しないで」

En cuanto a los documentos, claro que puedo ayudarte, no te preocupes.

Por supuesto que puedo ayudarte con la solicitud. Faltaría más.
もちろん、応募の件は手伝いますよ。必ずね。

Por los documentos, no te preocupes. Te los corrijo sin falta.
書類のことは心配しないで。必ず直すのを手伝ってあげる。

❸「いつまでに必要か教えて。間に合わせるから」

Dime para cuándo los necesitas y así los tendré preparados.

¿Cuándo tienes que enviar los documentos?
書類はいつ送らないといけないの?

¿Cuál es la fecha límite para entregar la solicitud? Así la tendré corregida antes.
応募書類提出の締め切りはいつ? それまでに直してあげる。

❹「じゃあ、書類を待ってるね」

Bueno, espero tus documentos.

Envíame los documentos en cuanto puedas y les echo un vistazo.
でき次第私に書類を送って。目を通してあげるから。

Bueno, pues me mandas los documentos y así los empiezo a corregir.
じゃあ、私に書類を送って。そうしたらすぐ直しに入るから。

¿Sabías que...? ▶▶▶ ポイント

● Es pan comido (朝メシ前だよ)
簡単な用事のことを pan comido (食べてしまったパン) と言います。取り掛かる前からもうやってしまったのと同じくらい簡単なこと、という意味です。まさに日本語の「朝メシ前」と同じ意味です。似た表現に「estar + chupado」があります。

18 「残念ながら…」頼みを断る

✉ 16 に返信し、依頼を断り、代わりの人を紹介します。

Asunto: Re: Un favor

¡Hola, Sachiko!

¿Qué tal? Me alegro mucho de recibir noticias tuyas. ¿Has aprobado el B2? ¡Es fantástico! ¡Enhorabuena! Teniendo ese nivel no me extraña que quieras aprovecharlo y buscar un trabajo mejor.
Pero tengo que decirte algo… Y es que **lamentablemente no voy a poder ayudarte en esta ocasión.** ❶ Lo siento mucho. Yo también estoy ocupadísima y no tengo ni un minuto libre. Mi jefe me ha encargado un proyecto nuevo y tengo que hacer una presentación delante de todos los directivos la semana que viene. Y encima en inglés. **Estoy atacada de los nervios.** ❷ Así que lo siento mucho, pero esta vez no va a poder ser. **Si no te importa, a lo mejor Lucía puede corregirte los documentos por mí.** ❸ ¿Tienes su dirección de correo electrónico? Si no, te la paso. Ella seguro que estará encantada de saber de ti, y de ayudarte. Por si acaso ya la aviso yo también.
Bueno, mucha suerte con el trabajo. ❹
Ánimo, que seguro que lo consigues.

Rosa

件名：Re: お願い

サチコへ！

元気？　近況を知らせてくれて本当にうれしいわ！ B2に受かったの？　お見事！　おめでとう！ それだけスペイン語ができたら、当然、仕事に活かしたいよね。
でもね…ぜひあなたの力になりたいんだけど、**残念ながら今回は協力してあげられないわ。**❶ ごめんなさいね。私も超多忙で、まったく時間の余裕がなくて。上司に新プロジェクトを任されて、来週、全役員を前にプレゼンしなきゃいけないのよ。しかも英語で！　**今かなり焦っているところ。**❷　というわけで、本当に申し訳ないけど今回は無理なんだ。
もし良かったら、**私の代わりにたぶんルシアが書類を直してくれると思う。**❸ 彼女のメールアドレスは知ってる？　知らないなら、教えてあげる。きっと彼女なら、あなたから連絡がくれば喜んで協力してくれるはずよ。念のため、私からもルシアに伝えておくね。
じゃあ、仕事の件、幸運を祈っています。❹　きっとうまくいくと思うから、頑張ってね。
ロサ

Variaciones » バリエーション

❶「残念ながら今回は協力してあげられないわ」
Lamentablemente no voy a poder ayudarte en esta ocasión.
Desgraciadamente, no puedo ayudarte esta vez.
言いにくいんだけれど、今回は力になれません。

Lo siento mucho pero esta vez me es imposible echarte una mano.
本当に申し訳ないけれど、今回あなたを手伝うのは無理なんだ。

❷「今かなり焦っているところ」
Estoy atacada de los nervios.
Estoy nerviosísima.
すごくナーバスになってるの。

Estoy que me subo por las paredes.
緊張でいても立ってもいられないんだ。

❸「もし良かったら、私の代わりにたぶんルシアが書類を直してくれると思う」
Si no te importa, a lo mejor Lucía puede corregirte los documentos por mí.
Si quieres, creo que Lucía podría ayudarte en mi lugar.
もしよければ、私の代わりにルシアが手伝ってくれると思うよ。

Si te parece bien, supongo que Lucía te podría echar una mano con la solicitud.
あなたさえ良ければ、ルシアが応募の件を手伝ってくれるんじゃないかしら。

❹「じゃあ、仕事の件、幸運を祈っています」
Bueno, mucha suerte con el trabajo.
Ojalá salga todo bien y te den el trabajo.
どうか万事うまくいって、あなたがその仕事に受かりますように。

Espero que todo vaya bien y consigas ese puesto de trabajo.
全部うまくいって、あなたがその仕事に就けるといいね。

¿Sabías que...? ▶▶▶ ポイント

● 断るときのマナー
頼みごとを引き受けられないときは、できない理由を説明し、可能なら解決策を考えてあげるのがよいでしょう。
また本文では、これから履歴書を書いて応募するところなので、Ánimo（頑張って）と励ましていますが、面接前日に声を掛けるとしたら、Suerte（幸運を）を使った方がよいでしょう。

19 「結婚します」
結婚の報告

友人に結婚が決まったことを知らせ、挙式に招待します。

Asunto: Notición

¡Hola, Marisol y Luis!

¿Qué tal? ¿Cómo habéis pasado las Navidades? ¿Habéis estado con la familia?

Bueno, **queremos daros una muy buena noticia: ¡Roberto y yo vamos a casarnos!** ❶ Es cierto que hemos tenido algunos altibajos, pero ahora soy tan feliz y estoy tan ilusionada...

De momento tenemos ya la fecha. ❷ Será el próximo 14 de junio en el santuario de Meiji Jingu, en Tokio. **Por supuesto, Luis y tú estáis más que invitados a la boda** ❸, aunque sé que no será fácil porque vivís muy lejos y tendríais que pedir bastantes días de fiesta. ¿Cómo lo veis? Nos encantaría que vinierais... Además, **del alojamiento no tenéis que preocuparos.** ❹

Pero bueno, si finalmente no podéis venir, lo entendemos. Eso sí, a cambio os enviaremos fotos de la boda hasta que la aborrezcáis jaja.

Espero vuestra respuesta.

Un beso,

Wakana y Roberto

件名：ビッグニュース

マリソル＆ルイスへ！　元気ですか？
クリスマスはいかがでしたか？　家族と一緒に過ごせましたか？
今日は、とてもすてきなニュースがあります。ロベルトと私は結婚することになりました！❶　いろいろあったけれど、今は最高に幸せな気分です。
早速、結婚式の日取りも決まりました。❷　今年の6月14日、東京の明治神宮で行います。
もちろん、結婚式にはルイスとあなたを招待したいと思っています。❸　二人とも遠くに住んでいるし、長い休みを取るのは難しいかも知れないけど。どうかな？　ぜひ出席してほしいな。それから、**宿泊先のことは心配しなくていいからね。**❹
でも、もし無理でも大丈夫。その時は、もうイヤってくらい式の写真を送ってあげるから（笑）。
では、二人からのお返事待っています。
キスを送ります。
ワカナ＆ロベルトより

2 プライベートのメール

Variaciones » バリエーション

❶「とてもすてきなニュースがあります。ロベルトと私は結婚することになりました！」
Queremos daros una muy buena noticia: ¡Roberto y yo vamos a casarnos!

Roberto y yo queremos deciros algo muy importante: ¡Nos casamos!
ロベルトと私から、あなたにすごく大事なお知らせがあります。私たち結婚します！

Tenemos una sorpresa: ¡Roberto y yo vamos a darnos el sí quiero!
あなたにサプライズがあります。ロベルトと私は結婚します！

❷「早速、結婚式の日取りも決まりました」
De momento tenemos ya la fecha.

Ya hemos reservado día para la ceremonia.
もう式の日を予約しました。

Ya tenemos lo más complicado: reservar un día en la iglesia para la boda.
もう一番の問題はクリアしたんだ。教会で結婚式の日を予約できたから。

❸「もちろん、結婚式にはルイスとあなたを招待したいと思っています」
Por supuesto, Luis y tú estáis más que invitados a la boda.

No hace falta ni decirlo, pero Luis y tú estáis invitados a la boda.
言うまでもないけど、ルイスとあなたは結婚式に招待するからね。

En cuanto tengamos las tarjetas de la boda, os las enviaremos.
結婚式の招待状ができ次第送ります。

❹「宿泊先のことは心配しなくていいからね」
Del alojamiento no tenéis que preocuparos.

Os podéis quedar en casa de mis padres, así que no necesitáis hotel.
あなたたちは私の両親の家に泊まっていいから、ホテルを取る必要はないです。

Por supuesto os pagamos el billete de avión (tren) para venir a la boda.
もちろん、あなたたちが結婚式に来るための飛行機代（電車代）はこちらで出します。

¿Sabías que...? ▶▶▶ ポイント

● 結婚指輪の刻印メッセージ
Felices para siempre（永遠の幸せ）、Tú y yo（私とあなた）、Te amo（愛しています）、Te quiero más que ayer pero menos que mañana.（愛してます。昨日よりもっと、明日はもっと）、Con amor（愛を込めて）、Para siempre（いつまでも）。

20 「結婚おめでとう」
友人の結婚を祝う

19 に返信。結婚を祝福し、式の招待を受けます。

Asunto: ¡Vivan los novios!

¡Holaaaaaa!

¿Qué tal? Bueno, no sé para qué pregunto. Ya veo que muy bien. Ante todo, **¡Enhorabuena!** ❶
Qué alegría cuando he leído el correo. **La verdad es que ya llevaba un tiempo esperando que dierais este paso** ❷, y por fin ha llegado. **Hacéis muy buena pareja y os deseo lo mejor.** ❸
Por supuesto, contad con nosotros para la boda. ¡Tengo unas ganas! Además, hace tiempo que queríamos ir a Japón, así que aprovecharemos esta oportunidad y nos cogeremos un mes entero de vacaciones. Ya verás, seguro que todo saldrá bien y nos lo pasaremos en grande. Pero tengo que ponerme a dieta, que ese día quiero llevar un vestido especial y estar guapa...
Por cierto, ¿cómo te pidió que os casarais? ¿Habéis decidido adónde vais de luna de miel? Ya sé que soy una cotilla, pero es que no puedo evitarlo jaja.
Espero que seáis muy felices. ❹
Un beso,

Marisol y Luis

件名：結婚おめでとう！

こんにちはーーー！
どうしてる？　っていうか、聞くまでもないよね。とても元気みたいだから。まずは、**結婚おめでとう！**❶
あなたからのメールを読んで、本当にうれしかったわ。**正直、二人がこうなるのをずっと待っていたんだ**❷けど、ついにその日が来たのね。**お似合いのカップルよ。末永くお幸せにね。**❸
もちろん、私たちは結婚式に出席するわ。絶対行くよ！　ずっと前から日本に行きたかったら、この際1カ月休暇を取るわ。きっと素晴らしい結婚式になると思うから、盛大にお祝いしましょう。でもダイエットしなきゃ。その日は特別なドレスで着飾りたいから…。
ところで、プロポーズの言葉は？　新婚旅行はどこに行くか決めた？　私、そういう話、聞かずにはいられないのよ (笑)。
二人ともどうかお幸せに。❹
キスを送ります。　　マリソル&ルイス

Variaciones » バリエーション

❶「結婚おめでとう！」
¡Enhorabuena!
¡Felicidades!
おめでとう！

¡Vivan los novios!
結婚おめでとう！

❷「正直、二人がこうなるのをずっと待っていたんだ」
La verdad es que ya llevaba un tiempo esperando que dierais este paso.
Hacía ya bastante tiempo que esperaba esta noticia.
この知らせをずっと待っていました。

Estaba esperando que os decidierais a formar una familia desde hace tiempo.
あなたたちが家族になるって決断するのをずっと待ってたんだよ。

❸「お似合いのカップルよ。末永くお幸せにね」
Hacéis muy buena pareja y os deseo lo mejor.
Sois perfectos el uno para el otro.
あなたたち、最高にお似合いよ。

Sois la pareja ideal. Os merecéis lo mejor.
理想的なカップルだね。お幸せに！

❹「二人ともどうかお幸せに」
Espero que seáis muy felices.
Ojalá seáis felices y disfrutéis de una vida llena de alegrías.
どうか二人ともお幸せに、喜びあふれる人生を共に歩んでいけますように！

Os deseo un futuro lleno de paz y felicidad.
二人の将来が平和で幸せに満ちたものとなりますように！

¿Sabías que...? ▶▶▶ ポイント

● Enhorabuena と Felicidades
試験に合格したりスポーツの試合に勝つなど、努力をして目的を達成した人には、Enhorabuena。誕生日やクリスマスなど本人の努力と関係ないときはFelicidades。ただ、結婚に関してはEnhorabuenaとFelicidades、どちらも使えます。

「子供が生まれました」
出産報告

友人に子供が生まれたことを報告します。

Asunto: ¡Ya está aquí!

Estimada Michiru:

¿Cómo estás? Te escribimos porque queremos contarte una noticia muy importante. **¡David ya está aquí!** ❶ Nació el viernes pasado a las cuatro de la tarde y pesó 4.200 gramos. Es un niño muy grande. **Tanto él como yo estamos perfectamente, aunque el parto duró casi ocho horas y terminé muy cansada.** ❷
De momento, David es bastante tranquilo y se pasa todo el día durmiendo. Ya puede caer una bomba que no se despierta. **No sé de quién lo habrá heredado** ❸, jaja. Te mando una foto del día en que nació. Sé que es un poco pronto pero **mi madre dice que se parece a mí en los ojos y al padre en la nariz y la boca.** ❹ ¿Tú qué crees?
Ya te mandaré más fotos cuando todo se tranquilice un poco.
Un abrazo muy fuerte,

Toni y Ángela

件名：生まれました！

ミチルへ

お元気ですか？　とても大切なお知らせがあってメールしました。ついにダビッドが生まれました！❶　先週の金曜午後4時に生まれ、体重は4,200gでした。すごく大きな赤ちゃんでしょう。出産に8時間近くかかって、とても疲れたけれど、母子共にまったく問題ありませんでした。❷　今のところダビッドは結構おとなしくて一日中眠ってばかりです。爆弾が落ちるくらいデッカイ音をたててもビクともしないのよ。誰の遺伝かな❸（笑）。生まれた日の写真を送ります。少し気が早いけど、母が言うには、目が私に似ていて鼻と口はパパだって。❹　あなたはどう思う？
少し落ち着いたらもっと写真を送るね。
力いっぱいのハグを。
トニとアンヘラより

Variaciones　》》　バリエーション

❶「ついにダビッドが生まれました！」

¡David ya está aquí!
¡Desde el viernes somos uno más en la familia!
金曜に家族が一人増えたんだ！

¡Por fin ha nacido David!
ついにダビッドが生まれたよ！

❷「出産に8時間近くかかって、とても疲れたけれど、母子共にまったく問題ありませんでした」

Tanto él como yo estamos perfectamente, aunque el parto duró casi ocho horas y terminé muy cansada.
Tanto él como yo nos encontramos bien, y eso que nació antes de lo previsto.
予定日より早かったけれど、母子共に元気です。

Aunque ya había salido de cuentas, fue un parto fácil.
予定日を過ぎていたけれど、安産でした。

❸「誰の遺伝かな」

No sé de quién lo habrá heredado.
No sabemos a quién ha salido.
誰に似たのか分からないんだ。

¿De quién habrá sacado ese genio?
一体誰の気性を受け継いだのかな？

❹「母が言うには、目が私に似ていて鼻と口はパパだって」

Mi madre dice que se parece a mí en los ojos y al padre en la nariz y la boca.
Mi madre piensa que tiene mis ojos y la nariz y la boca de su padre.
私の母によると、（赤ちゃんの）目は私で、鼻と口はパパに似ているって。

Mi madre dice que tiene los mismos ojos que yo y la nariz y la boca clavadas a su padre.
目が私にそっくりで、鼻と口がパパにうり二つだって、母さんが言ってる。

¿Sabías que...? ▶▶▶ ポイント

● 出産報告
日本では出産の報告をメールでするとき、まず生まれたことを伝え、それから名前について書くことが多いですが、スペイン語のメールでは、本文のようにいきなり「ダビッドが生まれました！」と送ってくることも珍しくありません。

22 「出産おめでとう！」
子供の誕生を祝う

✉ 21 に返信し、子供の誕生を祝福します。

Asunto: Re: ¡Ya está aquí!

Estimados papás:

¡Qué alegría levantarse por la mañana y de repente ver vuestro email! **Muchísimas felicidades por el nacimiento de vuestro hijo.** ❶ Me alegro de que todos estéis bien y espero que te recuperes pronto.
Los próximos meses serán bastante intensos, así que **os deseo mucha salud, suerte y os mando desde aquí energía para que podáis afrontarlos.** ❷
David es un niño precioso, y ¡muy grande! La verdad es que no sé a quién se parece, **yo soy muy mala en estas cosas** ❸**,** pero creo que va a heredar lo mejor de los dos y será un niño guapísimo.
Os mando un pequeño regalo **para el recién llegado.** ❹ Espero que le guste.
Un abrazo a los nuevos papás y a David,

Michiru

件名：Re：生まれました！
パパ・ママになったお二人へ
朝起きてすぐ、このメールを読んでうれしかったです！　男の子のご誕生、本当におめでとうございます。❶　すべて順調でよかったです。あなたも早く回復するといいですね。
これから数カ月はとても大変でしょうから、**健康で幸運に恵まれるよう祈っています。日々頑張れるようにパワーを送りますね。**❷
ダビッド、かわいい赤ちゃんですね。それにすごく大きい！　でもどちらに似ているのかは正直よく分からなくて。**私、こういうの苦手なんです。**❸　でもお二人の良いところを取ってカッコイイ男の子になると思いますよ。
生まれたばかりの赤ちゃんに❹ささやかなプレゼントを贈ります。気に入ってもらえるとうれしいです。
新米パパとママ、そしてダビッドにハグを送ります。
ミチル

Variaciones　»　バリエーション

❶「男の子のご誕生、本当におめでとうございます」

Muchísimas felicidades por el nacimiento de vuestro hijo.

Enhorabuena por la llegada de David a la familia.
ダビッドも家族の仲間入りですね、おめでとうございます。

Ya sois uno más en la familia. Felicidades.
家族が一人増えましたね。おめでとうございます。

❷「健康で幸運に恵まれるよう祈っています。日々頑張れるようにパワーを送りますね」

Os deseo mucha salud, suerte y os mando desde aquí energía para que podáis afrontarlos.

Mucha salud, mucha suerte y ánimo para afrontar los próximos meses.
この数カ月を乗り切れるように、健康と幸運を祈り元気を送ります。

Espero que los próximos meses no sean demasiado agotadores. Os envío energía desde Japón.
これから数カ月はあまり無理しないように。日本からパワーを送ります。

❸「私、こういうの苦手なんです」

Yo soy muy mala en estas cosas.

Yo no entiendo de esto.
私はそういうの分からないんです。

A mí se me dan fatal estas cosas.
私、こういうこと全然ダメなんです。

❹「生まれたばかりの赤ちゃんに…」

...para el recién llegado.

...para vuestro tesoro.
あなたたちの宝物の赤ちゃんに…

...para el pequeño dormilón.
よく眠る赤ちゃんに…

＊ el pequeño correcaminos（よく動き回る赤ちゃん）

¿Sabías que...? ▶▶▶ ポイント

● Parecerse (a A en B) 「AにBが似ている」
Me parezco a mi padre en la nariz.（私の鼻は父に似ている）
Antonio y yo nos parecemos en que los dos somos muy impacientes.
（アントニオと私は、二人とも短気なところが似ている）

23 「お大事に」病気の友人を見舞う

病気の友人にお見舞いのメールを送ります。

Asunto: Que te mejores

Hola, Yuri:

¿Cómo te encuentras? ❶ Esta mañana me ha dicho la profesora de la guardería que tienes el sarampión.
Estoy muy sorprendida porque ayer estabas perfectamente. **Me imagino que te lo habrá contagiado tu hija Carmen** ❷**,** porque creo recordar que ella lo tuvo hace poco tiempo, ¿no?
Es algo normal. De hecho, mi hijo estuvo con gripe hace un par de semanas y poco después la tuvimos también sus otros dos hermanos y yo, así que puedo imaginarme cómo estarás tú ahora.
Bueno, **espero que te mejores** ❸ y no hagas demasiados esfuerzos, que te conozco. Si necesitas mi ayuda estos días, puedo llevar y recoger a Carmen de la guardería por ti.
Ya me dirás. ❹
Venga, cuídate,

Yolanda

件名：お大事にね

ユリへ

体調はどう？❶　今朝、保育園の先生から、あなたが麻疹にかかってるって聞いたよ。
昨日はとても元気だったから、ビックリしたわ。確か、ついこの間**あなたの娘のカルメン**がかかってたみたいだから、それがうつったのかな？❷
よくあるよね。実はうちの子もこの前インフルエンザにかかったんだけど、その後、二人の兄弟と私がうつされたの。だから今、あなたがどんなに大変か想像できるわ。
いつもみたいにムリしないようにして、**早く良くなってね。**❸　もしカルメンの保育園の送迎が必要だったら私が手伝うよ。**いつでも言ってね。**❹
では、お大事に。
ジョランダ

Variaciones　»　バリエーション

❶「体調はどう？」

¿Cómo te encuentras?

¿Ya estás bien?
具合はどう？

¿Qué tal estás?
調子はどう？

❷「あなたの娘のカルメンのがうつったのかな？」

Me imagino que te lo habrá contagiado tu hija Carmen.

Lo más probable es que te lo haya pasado tu hija.
娘さんからうつった可能性が一番高いよね。

¿Cómo lo has cogido?
どこでうつされたの？

❸「早く良くなってね」

Espero que te mejores.

Espero que te recuperes pronto.
早く治りますように。

Cuídate.
お大事にね。

❹「いつでも言ってね」

Ya me dirás.

Dime si puedo hacer algo por ti.
私にできる事があれば言ってね。

Cuenta conmigo para lo que necesites.
困ったときは私がいるからね。

¿Sabías que...? ▶▶▶ ポイント

- que te conozco 「あなたがどんな性格か知ってて言うけど」
  No digas que vendrás pronto porque luego nunca lo haces, que te conozco.
  （すぐに来るなんて言わないでね。だってあなた、それができたためしがないでしょ）
  Friega los platos ahora que después seguro que te da pereza, que nos conocemos.
  （今すぐ皿を洗って、じゃないと君は絶対やる気が失せるに決まってるから）

24 「離婚します」
離婚の報告

友人に離婚を決めたことを知らせます。

Asunto: Se acabó

Hola, Claudia:

Perdona que te escriba tan de repente, pero **ha pasado una cosa y necesitaba contársela a alguien.** ❶ **Juan y yo hemos decidido divorciarnos.** ❷ Desde hace ya bastante tiempo la relación no funcionaba, así que ayer por fin nos sentamos los dos a hablar y **llegamos a la conclusión de que es una tontería forzar más la situación.** ❸
Últimamente no hacíamos nada más que pelearnos por todo. Creo que Juan y yo tenemos una manera de pensar muy diferente con respecto al estilo de vida o a la educación de los niños. Al principio pensaba que era algo normal porque cada uno somos de un país diferente, pero últimamente, cada vez que se enfada, pierde los estribos y lo paga con nuestro hijo Kazuki. ¿Qué clase que "padre" hace eso?
Solo espero que Kazuki comprenda nuestro divorcio. ❹ Todavía no le hemos dicho nada y no sé cómo deberíamos contárselo… ¿Tú qué piensas? Siento molestarte con un tema tan negativo.
Un beso,

Mayu

件名：終わったよ

クラウディアへ

突然こんなメールして申し訳ないけれど、**ちょっと問題が起きて、話を聞いてくれる人がほしかったの。**❶　実は**フアンと私は離婚することに決めたんだ。**❷　もう結構前から私たちの関係はうまくいかなくなっていて、昨日二人できちんと話し合ったのよ。そして、**無理してこの状態を続けても仕方がないっていう結論に達したわ。**❸
最近の私たちは、あらゆることでケンカばかりだったわ。フアンと私はお互いの生活習慣や子供の教育方針で価値観が違い過ぎたの。最初は国際結婚だから仕方がないと思っていたわ。でも最近、彼はカッとなるとすぐ、かんしゃくを起こして、息子のカズキにも八つ当たりするようになったのよ。父親として失格でしょう。**後はカズキがこの事を理解してくれればいいんだけどね。**❹
まだあの子には何も伝えてないの。なんて伝えたらいいのか…。どう思う？　暗い話でごめんね。キスを送ります。　　マユ

2 プライベートのメール

Variaciones » バリエーション

❶「ちょっと問題が起きて、話を聞いてくれる人がほしかったの」

Ha pasado una cosa y necesitaba contársela a alguien.
Ha ocurrido algo y necesitaba hablar con alguien.
ちょっとしたことがあって誰か話す相手がほしかったの。

Ha sucedido algo y no podía aguantar más sin explicárselo a alguien.
あることが起きて、誰かに打ち明けずにはいられなかったんだ。

❷「実はフアンと私は離婚することに決めたんだ」

Juan y yo hemos decidido divorciarnos.
Juan y yo vamos a separarnos.
フアンと私は別れることにした。

Juan y yo hemos decidido poner punto final a nuestro matrimonio.
フアンと私は結婚生活にピリオドを打とうと決めた。

❸「無理してこの状態を続けても仕方がないっていう結論に達したわ」

Llegamos a la conclusión de que es una tontería forzar más la situación.
Pensamos que no tiene ningún sentido continuar de esta manera.
私たちはこのまま続けることに何の意味もないと思ったんだ。

Decidimos que no lleva a ningún sitio seguir en una relación así.
私たちはこんな関係を続けても先が見えないと考えたんだ。

❹「後はカズキがこの事を理解してくれればいいんだけどね」

Solo espero que Kazuki comprenda nuestro divorcio.
Lo único que me importa ahora es que nuestro hijo Kazuki pueda aceptar la nueva situación.
一番気掛かりなのは、息子のカズキが新しい環境を受け入れられるかってこと。

Ojalá Kazuki, nuestro hijo, haya madurado lo suficiente y sea capaz de comprender lo que está pasando.
息子のカズキが今の状況を理解できるくらい成長していてくれたらいいんだけど。

¿Sabías que...? ▶▶▶ ポイント

● 勇気付け
Seguramente el tiempo lo solucionará todo.（きっと時間がすべて解決してくれるよ）
Lo pasado, pasado está. Ahora toca seguir adelante.（過去は過去。前に進まないとね）

25 「元気出して」
離婚に悩む友達を励ます

24 に返信し、落ち込んでいる友人を励まします。

Asunto: Re: Se acabó

Hola, Mayu:

¿Estás bien? No me puedo creer lo que estás diciendo. No sabía nada y la verdad es que se os veía tan bien que nunca habría imaginado que tuvierais un problema así. **Me he quedado muy sorprendida.** ❶
Entiendo cómo te sientes, ya que yo también me divorcié después de una grave crisis matrimonial y nadie está preparado para cuando pasa esto.
Sé que en estos momentos todo te parecerá desesperanzador y no sabrás qué hacer ❷, pero **míralo por el lado positivo.** ❸
Deja que pase un tiempo y lo verás todo de una forma diferente. ❹
En cuanto a Kazuki, no te preocupes, es mayor y seguro que lo entenderá. Ten confianza.
Por supuesto, si necesitas hablar con alguien, mándame un mensaje. Intentaré ayudarte en todo lo que pueda.
Un abrazo muy muy fuerte,

Claudia

件名：Re：終わったよ

マユへ

大丈夫？　あなたの言っていることが信じられないよ。何も知らなかったし、正直、二人がとてもうまくいってるように見えてたから、そんな事が起きるなんて考えもしなかった。**すごく驚いているわ。**❶
私も夫婦関係がうまくいかなくなって離婚してしまったから、あなたの気持ちがよく分かるわ。こんなことが起きるのを覚悟してる人なんていないものね。
今は、すべてが絶望的に思えてどうしていいか分からないかもしれない❷けど、**ポジティブな面を見るようにしてね。**❸
時間が経てばもっと違った見方ができるようになるはずよ。❹　それからカズキくんのことは心配しないで。もう大きいし、きっと理解してくれるわ。自信を持って。
もちろん、話し相手が必要な時はいつでもメールちょうだいね。私が協力できることは何でもするつもりだから。
強い強いハグを送ります。　　　クラウディア

082

Variaciones　»　バリエーション

❶「すごく驚いているわ」

Me he quedado muy sorprendida.

Me he quedado de piedra.
ビックリした。

Todavía estoy con la boca abierta.
今も開いた口が塞がらないよ。

❷「今は、すべて絶望的に思えてどうしていいか分からないかもしれない」

Sé que en estos momentos todo te parecerá desesperanzador y no sabrás qué hacer.

Seguramente ahora estés perdida y no sepas cómo reaccionar.
たぶん、今は途方にくれてて、どうしたらいいのか分からないだろうね。

Es muy probable que ahora todo parezca desolador y no sepas cómo afrontarlo.
きっと今はすべてが悲しく思えてどう立ち向かえばいいか分からないよね。

❸「ポジティブな面を見るようにしてね」

Míralo por el lado positivo.

No te quedes solo con lo negativo.
マイナス思考にならないでね。

Saca el lado positivo.
プラスの方に考えてね。

❹「時間が経てばもっと違った見方ができるようになるはずよ」

Deja que pase un tiempo y lo verás todo de una forma diferente.

El tiempo te hará ver las cosas de una manera diferente.
時間が経てば物事を違ったふうに見られるはずだよ。

Con el tiempo verás las cosas de otra forma.
時が経てば別の見方ができるよ。

¿Sabías que...?　▶▶▶　ポイント

● 動詞 quedarse を使った表現
　Me quedé con la boca abierta.（開いた口が塞がらなかった）
　Se ha quedado en los huesos.（彼はやせ細っていた）

26 「亡くなりました」
身内の不幸を伝える

父親が亡くなったことを知らせます。

Asunto: Se nos fue

Querida Yuki:

Quería comunicarte que ayer por la noche falleció mi padre❶ en el hospital Marañón. Como sabías, **la situación era muy delicada y al final no se pudo hacer nada por evitarlo.❷** La familia ya nos habíamos hecho a la idea de que podía ocurrir en cualquier momento, pero cuando sucede de verdad... **No hay palabras para explicarlo.❸** Por lo menos pudimos despedirnos de él y estoy convencida de que ahora descansa en paz en un lugar mejor.
El velatorio tendrá lugar en el tanatorio La Magdalena hasta este jueves, y el viernes serán la misa y el entierro. La misa, en la iglesia de San Pablo a las once y el entierro, a las cuatro de la tarde en el cementerio de Castellón. **Nos encantaría que pudieras acompañarnos en este último adiós a mi padre❹**, que te quería mucho.
Un abrazo,

Maite

件名：亡くなりました

ユキへ

昨夜、私の父がマラニョン病院で亡くなったことをお知らせします。❶　あなたも知っていたとおり、**かなり厳しい状態だったので最後はどうすることもできませんでした。❷**　私達家族は、いつ逝ってもおかしくないと覚悟はできていましたが、現実となった今…、**言葉がありません。**❸　ただ、父は家族に見守られて旅立つことができたので、きっと今頃天国で安らかに眠っていると信じています。
通夜はラ・マグダレナ遺体安置所で今週木曜まで、金曜日にミサと埋葬を行います。ミサは11時からサン・パブロ教会にて、埋葬は午後4時からカステリョンの墓地にて行う予定です。**あなたのことが大好きだった父に最後のお別れを言いに来てもらえたらうれしいです。**❹
ハグを送ります。
マイテ

Variaciones　»　バリエーション

❶「昨夜、私の父が亡くなったことをお知らせします」

Quería comunicarte que ayer por la noche falleció mi padre.

Te escribo para decirte que mi padre murió de cáncer la semana pasada.
先週、父ががんで亡くなったことを伝えるためにメールしています。

Quería hacerte saber que mi padre nos dejó anoche en el hospital Marañón.
昨夜、父がマラニョン病院で息を引き取ったことをお知らせします。

❷「かなり厳しい状態だったので最後はどうすることもできませんでした」

La situación era muy delicada y al final no se pudo hacer nada por evitarlo.

Su enfermedad era muy grave y podía pasar esto en cualquier momento.
彼の病状はとても悪かったから、いつでもこうなる可能性がありました。

Su situación era crítica y podía fallecer de un momento para otro.
彼は危篤状態だったので、いつ亡くなってもおかしくありませんでした。

❸「言葉がありません」

No hay palabras para explicarlo.

No sé que decir.
言葉になりません。

No me hago a la idea.
信じられません。

❹「父に最後のお別れを言いに来てもらえたらうれしいです」

Nos encantaría que pudieras acompañarnos en este último adiós a mi padre.

Te agradeceríamos que pudieras estar con nosotros para despedir a mi padre.
私たちと一緒に父を見送ってもらえればありがたいです。

Esperamos que puedas asistir al funeral y así puedas despedirte de mi padre.
葬儀に参列して父にお別れを言ってもらえたらと思います。

¿Sabías que...? ▶▶▶ ポイント

● 亡くなってから葬儀まで
　誰かが亡くなると、遺体安置所（tanatorio）に運ばれます。そこでは家族や親族が故人と最後の時間を過ごし、友人の弔問を受けます。その後、遺体安置所に併設されるチャペルか、もしくは教会で葬儀ミサが行われ、最後は墓地で遺体を埋葬します。遺族に香典を渡す習慣はありません。

27 「ご愁傷さまです」 お悔やみを伝える

✉ 26への返信で、お悔やみを伝えます。

Asunto: Re: Se nos fue

Estimada Maite:

Siento muchísimo el fallecimiento de tu padre. ❶ Era una persona tan alegre y activa que **es muy difícil aceptar que ya no está entre nosotros.** ❷ Es cierto que la situación era muy grave, pero no imaginaba que pudiera ocurrir tan pronto. **Te acompaño en el sentimiento.** ❸
Os envío a ti y a tu familia mucha fuerza para continuar adelante en estos días tan complicados ❹, y espero que el tiempo os ayude a superar esta pérdida tan importante.
Por supuesto que iré al funeral. Contad conmigo para lo que necesitéis.
Un beso muy grande,

Yuki

件名：Re：亡くなりました
マイテへ
お父様のご逝去に際し、心からお悔やみを申し上げます。❶　明るくお元気な方だったので、私たちのそばから離れてしまったとは、**本当に受け入れがたい気持ちです。**❷　確かに病状はとても重かったとはいえ、こんなに早くその時が来るとは想像していませんでした。**ご愁傷さまです。**❸
おつらい時だと思いますが、**あなたとご家族が前を向いて進めるよう、心から祈っています。**❹　大切な人を失った悲しみを時の流れが癒やしてくれますように。
葬儀にはもちろん参列します。何かお手伝いできることがあれば知らせてくださいね。
心からのキスを送ります。
ユキ

2　プライベートのメール

Variaciones　»　バリエーション

❶「お父様のご逝去に際し、心からお悔やみを申し上げます」

Siento muchísimo el fallecimiento de tu padre.

No sabes cuánto siento la muerte de tu padre.
お父様が亡くなられて、本当に残念です。

Lamento mucho que tu padre haya fallecido.
お父様が亡くなったとのこと、ご愁傷さまです。

❷「私たちのそばから離れてしまったとは、本当に受け入れがたい気持ちです」

Es muy difícil aceptar que ya no está entre nosotros.

Es realmente complicado hacerse a la idea de que ya no está con nosotros.
もうこの世にいらっしゃらないとは、本当に信じられない思いです。

Me costará bastante tiempo aceptar que no podré ver más a tu padre riéndose como solía hacer.
いつものお父様の笑顔がもう見られないなんて、すぐには受け入れられない気持ちです。

❸「ご愁傷さまです」

Te acompaño en el sentimiento.

Te doy mi más sincero pésame.
心からお悔やみを言わせてください。

Con todo mi dolor, recibe mis más sinceras condolencias.
本当に残念です。心からお悔やみ申し上げます。

❹「おつらい時だと思いますが、あなたとご家族が前を向いて進めるよう、心から祈っています」

Os envío a ti y a tu familia mucha fuerza para continuar adelante en estos días tan complicados.

Te envío un fuerte abrazo, deseando que guardes recuerdos maravillosos que te den fortaleza para continuar.
力いっぱいのハグを送ります。大切な思い出を胸に前進していけますように。

Te mando un fuerte abrazo, lleno de cariño, esperanza y fe.
強く抱きしめてあげたいです。愛と希望と信仰の気持ちを込めて。

¿Sabías que...? ▶▶▶ ポイント

● お悔やみの表現
　Sólo espero que entre todos podamos hacer tu dolor un poco más llevadero.
　（悲しみを皆で分かち合い、少しでも和らげることができたらと願うばかりです）

28 「大丈夫ですか？」
災害の状況を尋ねる

地震のニュースを知り、友人の安否を尋ねます。

Asunto: ¿Estás bien?

Hola, Kazuhiro:

Me acabo de enterar por las noticias del gran terremoto que ha habido en Japón❶ esta mañana. **¿Estáis tú y tu familia todos bien?❷ Esta vez parece ser que ha sido muy fuerte❸** y en algunas ciudades se han desplomado varios edificios antiguos.
Ya sé que siempre dices que en Japón las casas se construyen a prueba de terremotos y que normalmente no pasa nada, pero estoy bastante preocupado. **Espero que estés bien y que ni tú ni tu familia hayáis sufrido daños importantes.❹** Por favor, mándame un correo y dime algo en cuanto puedas.
Un saludo,

Rodrigo

件名：大丈夫？
カズヒロへ
今朝、日本で大きな地震が起きたってニュースで知ったよ。❶　君やご家族はみんな大丈夫かい？❷　今回すごく揺れが激しかったみたい❸だし、古い建物が倒壊した町もあるよね。
君はいつも日本の家屋は地震に耐えられる造りだから、たいていはびくともしないって言ってたけど、僕はものすごく心配しています。君が無事で、君やご家族に大した被害がないといいけど。❹　メールできるようになったら、状況を教えてね。
では。
ロドリゴ

Variaciones » バリエーション

❶「日本で大きな地震が起きたってニュースで知ったよ」

Me acabo de enterar por las noticias del gran terremoto que ha habido en Japón.

Acabo de ver en las noticias que ha habido un gran terremoto en la zona de Kanto esta mañana.
ついさっきニュースを見て、今朝、関東地方で大きな地震があったって知ったんだ。

He visto en la tele que esta mañana se ha producido un terremoto en Chile.
チリで今朝、地震があったってテレビで見たよ。

❷「君やご家族はみんな大丈夫かい?」

¿Estáis tú y tu familia todos bien?

¿Os ha ocurrido algo a ti y a tu familia?
君やご家族に変わったことはない?

¿Os encontráis todos bien?
君たちはみんな大丈夫?

❸「今回すごく揺れが激しかったみたい」

Esta vez parece ser que ha sido muy fuerte.

Según dicen la magnitud del terremoto ha sido bastante alta.
地震のマグニチュードはかなり大きかったそうね。

Las noticias han dicho que el seísmo ha sido muy fuerte.
ニュースでは、地震は非常に激しかったと言ってたよ。

❹「君が無事で、君やご家族に大した被害がないといいけど」

Espero que estés bien y que ni tú ni tu familia hayáis sufrido daños importantes.

Espero que ni a ti ni a tu familia os haya pasado nada grave.
君とご家族が無事で、大事に至らなければいいのですが。

Ojalá estéis todos sanos y salvos y no haya que lamentar ninguna pérdida material.
どうか君たちがみんな無事で、大きな被害がありませんように。

¿Sabías que...? ▶▶▶ ポイント

● 天災

tifón	台風	gran nevada	大雪	incendio	火災
inundación	洪水	ventisca	吹雪	corrimiento de tierra	地滑り
tsunami	津波	tormenta	暴風雨	tornado	竜巻
ola de calor	猛暑	huracán	ハリケーン	sequía	干ばつ

29 「心配してくれてありがとう」
災害の状況を伝える

28 に返信し、心配してくれたことに対する感謝と災害の状況を伝える。

Asunto: Re: ¿Estás bien?

Hola, Rodrigo:

Gracias por el email y por preocuparte por nosotros. ❶ Como dices, esta vez ha sido un terremoto bastante fuerte que nos ha cogido por sorpresa a todos, pero **estamos bien.** ❷
Yo ya sabía qué es lo que hay que hacer en caso de que hubiera un terremoto, pero cuando ocurrió, entré en pánico. Uno nunca está preparado para estas cosas. En nuestra casa se movió todo bastante y se cayeron varios libros de la estantería. Además, nos quedamos sin agua, gas y electricidad, pero desde ayer ya vuelve a funcionar todo.
Sin embargo, en el pueblo donde viven mis abuelos, parece ser que los daños han sido más graves y **se han hundido varias carreteras.** ❸ Han dicho que hay peligro de desprendimiento de rocas y los han trasladado, por seguridad, al gimnasio de la escuela de allí.
Espero que todo vuelva a la normalidad pronto.
Te mantendremos al corriente si hay nuevas noticias. ❹
Un saludo,

Kazuhiro

件名：Re：大丈夫？

ロドリゴへ

僕たちのことを心配してメールをくれてありがとう。❶ 君の言うとおり、今回の地震はかなり激しく揺れて驚いたけど、**僕たちは大丈夫だよ。**❷
地震が起きたらどう行動するか想定はしていたけど、実際に起こるとパニックになってしまった。こんなこと誰にも予測できないもんね。僕たちの家は結構揺れて、本棚の本が落ちてきたんだ。水道もガスも電気も使えなくなったけど、昨日からすべて復旧したよ。
でも、僕のおじいちゃんたちが住んでいる村では、**道路が陥没する**❸など被害が大きかったみたい。土砂崩れの恐れがあるから近くの小学校の体育館に避難しているらしい。早く元に戻れるといいんだけど。
新たな情報が入ったらすぐに知らせるね。❹
じゃあ、また。
カズヒロ

Variaciones　》　バリエーション

❶「僕たちのことを心配してメールをくれてありがとう」
Gracias por el email y por preocuparte por nosotros.
Muchísimas gracias por el correo y por haber pensado en nosotros.
僕たちのことを考えてメールをくれてありがとう。

Muchas gracias por tu correo y perdona por haber hecho que te preocuparas.
メールをくれて本当にありがとう。心配をかけてごめんね。

❷「僕たちは大丈夫だよ」
Estamos bien.
Estamos sanos y salvos.
私たちは無事です。

No nos ha pasado nada.
私たちには何も被害がなかった。

❸「道路が陥没しました」
Se han hundido varias carreteras.
Un volcán ha entrado en erupción.
火山が噴火しました。

Las réplicas se están repitiendo todo el día.
1日中余震が続いています。

❹「新たな情報が入ったらすぐに知らせるね」
Te mantendremos al corriente si hay nuevas noticias.
Te mantendré informado si surge algo nuevo.
また何か起きたら知らせるね。

Te iré escribiendo a medida que tengamos más información.
追加情報が入ったらまたメールするね。

¿Sabías que...?　▶▶▶　ポイント

- uno（ある人）
  unoは非人称のseと同じように、一般的な「ある人」を指します。特に、話者もその話題に含まれる場合によく使います。
  Uno nunca sabe qué hacer en estos casos.
  （こういう場合に何をすべきか全然分からないものだ）

30 「新しいメールアドレスです」 メールアドレス変更の報告

メールアドレスを変更したことを知らせます。

Asunto: Nueva dirección

¡Hola! a todos!

Os escribo porque quería informaros de que he cambiado de dirección de correo electrónico. ❶ La que tenía antes estaba llena de correo no deseado y me estaba dando muchos problemas ❷, así que **a partir de ahora escribidme aquí.** ❸ Os copio la dirección por si acaso.
teresapuerto@example.ne.es
Desde la semana que viene ya no me llegarán los emails a la dirección antigua, así que **actualizad la información cuanto antes, por favor.** ❹
Espero vuestros mensajes.
Un saludo,

Teresa

件名：新しいアドレスです
皆さんへ！
メールアドレスを変更したので皆さんにお知らせします。❶　以前のアドレスは迷惑メールばかりで、問題が多かった❷ので、今後はこちらにメールください。❸　念のためアドレスを貼り付けておきます。
teresapuerto@example.ne.es
来週から古いアドレスにはメールが届かなくなるので、**なるべく早く登録し直してください。**❹
皆さんからのメッセージを待っています。
よろしく。
テレサ

Variaciones » バリエーション

❶「メールアドレスを変更したので皆さんにお知らせします」

Os escribo porque quería informaros de que he cambiado de dirección de correo electrónico.

Solo cuatro líneas para deciros que he cambiado de dirección de correo.
メールアドレスが変わったので、簡単にお知らせします。

Esta es mi nueva dirección de email.
こちらが新しいメールアドレスです。

❷「以前のアドレスは迷惑メールばかりで、問題が多かった」

La que tenía antes estaba llena de correo no deseado y me estaba dando muchos problemas.

Hace tiempo que tenía problemas con la dirección antigua.
古いアドレスは結構前から問題があったんだ。

Como he cambiado de proveedor, he tenido que cambiar también la cuenta.
プロバイダーを変えたのでアドレスも変更しないといけなくなりました。

❸「今後はこちらにメールください」

A partir de ahora escribidme aquí.

Desde hoy mándame los emails a esta dirección.
今日からこっちのアドレスにメールしてね。（相手が一人の場合）

Desde ahora contactadme a través de esta dirección nueva.
みんな、これからはこの新しいアドレスに連絡してね。（一斉メールの場合）

❹「なるべく早く登録し直してください」

Actualizad la información cuanto antes, por favor.

Añádeme a tu lista de contactos, por favor.
あなたの連絡先リストに追加しておいてください。（相手が一人の場合）

Cambiad la dirección cuanto antes, por favor.
みんな、なるべく早くアドレスを変更してね。（一斉メールの場合）

> ¿Sabías que...? ▶▶▶ ポイント
>
> ● Quería 「～したいのですが」［願望をソフトに述べる］
> Hola, buenos días, quería un kilo de pollo.（どうも、おはようございます。鶏肉を1キロお願いしたいのですが）
> Quería avisarte de que hoy no podré ir a la reunión.（今日のミーティングに行けないので、お知らせしておきます）

31 「オススメ小説です」
友人に本を紹介する
自分の感想を伝え、読むよう勧めます。

Asunto: Novela

¡Hola, Carlos!

¿Cómo estás? Te escribo porque me gustaría recomendarte el último libro que he leído. Además, me he enterado de que también está en español. Es una novela de Haruki Murakami: *Shikisai wo motanai Tazaki Tsukuru to, kare no junrei no toshi*. **En español la han traducido como ❶** *Los años de peregrinación del chico sin color*. Muy largo, ¿verdad? :)
Es una historia que habla de la amistad, el amor y la soledad, con ese toque surrealista que siempre pone Murakami en sus obras. **El argumento va de ❷** un ingeniero de treinta y seis años que comienza una relación con una chica. Sin embargo, a partir de ese momento se ve inquietado por algunas cosas extrañas que le pasaron en su juventud, por lo que decide averiguar qué ocurrió exactamente... Y no digo más.
A mí me enganchó desde la primera página. Seguro que te gusta. **Te recomiendo totalmente que la leas. ❸ Ya me dirás qué tal. ❹**
Un saludo,

Michi

件名：小説
カルロスへ！
元気ですか？　最近読んだ本をオススメしたくてメールしました。スペイン語版も出ているよ。村上春樹の小説でね、『色彩を持たない多崎つくると、彼の巡礼の年』という本です。**スペイン語版のタイトルは❶** "Los años de peregrinación del chico sin color"。長いよね（笑）？
村上春樹の作品らしいシュールな描写で、友情と愛と孤独をテーマにしたストーリーよ。今回は、ある女性と付き合うことになった、36歳のエンジニアの話なの。**❷**　二人の交際を機に、彼の青春時代に起きたある不可解な出来事を振り返ることになり、実際何が起きたのかを突き止めることになるという…ここからはお楽しみよ。
私は最初のページからハマったわ。きっと好きだと思う。**あなたにぜひ読んでほしいな。❸**　**読んだら感想を聞かせてね。❹**
よろしく。　　ミチ

Variaciones　»　バリエーション

❶「スペイン語版のタイトルは…」
En español la han traducido como...

El título en español es...
スペイン語の題名は…です。

La versión española se titula...
スペイン語版では、…というタイトルなんだ。

❷「今回は、…の話なの」
El argumento va de...

La novela trata de...
この小説は…の話なんだ。

Esta vez Murakami cuenta la historia de...
今回の村上（春樹）は…の話を描いてるよ。

❸「あなたにぜひ読んでほしいな」
Te recomiendo totalmente que la leas.

Tienes que leerla.
絶対読まなきゃダメだよ。

Te aconsejo que la leas sin falta.
ぜひ読んだ方がいいよ。

❹「読んだら感想を聞かせてね」
Ya me dirás qué tal.

Dime qué te ha parecido cuando la leas.
読んだらどう思ったか教えてね。

Dime tu opinión después de leerla.
読んだ後に感想を聞かせてね。

¿Sabías que...? ▶▶▶ ポイント

● あらすじの時制
本や映画のあらすじを話すときは、過去形ではなく現在形を使います。
El libro **cuenta** la historia de un joven que **vive** con sus tíos en un pueblo pequeño. Un día, **decide** ir a estudiar a la universidad de otra ciudad y allí **conoce** a muchas personas que...
（その本は、小さな村におじさん夫婦と**暮らす**ある若者の**話なんだ**。ある日、ほかの町の大学に行って勉強すると**決心して**、そこで多くの人々と**知り合いになり**…）

32 「どうして来なかったの？」怒りを伝える

約束をすっぽかした恋人に怒りのメールを送ります。

Asunto: Ya te vale

¿Se puede saber dónde estás? ❶ ¿Por qué no me coges el teléfono? He estado esperándote en Hachiko más de una hora y **tú sin dar señales de vida.** ❷ Si no podías venir o ibas a llegar más tarde, por lo menos podrías haberme enviado un mensaje. He estado esperando como una tonta para nada. Si lo llego a saber, habría salido con María como tenía planeado en un principio.
Además, si fuera la primera vez, vale, pero **es que siempre haces lo mismo.** ❸ De vez en cuando podrías pensar en los demás y no solo en ti mismo. **Ya te vale.** ❹
Me voy a casa.

Mizuki

件名：もううんざり

もう！　一体どこにいるの？❶　どうして携帯にも出ないわけ？　ハチ公前で1時間以上待ってるのに**何の連絡もないじゃない！**❷　来られないとか遅れるんだったら、せめてメールぐらい送ってよ。こんなに待たされてバカみたい。だったら、最初に約束していたマリアと遊びに行けばよかった。
それに今回初めてならまだしも、**いつも同じことやらかすよね。**❸　自分の都合ばかり優先しないで、たまには周りの迷惑も考えたら。**もううんざり。**❹
帰るわ。
ミズキ

Variaciones　》》　バリエーション

❶「もう！　一体どこにいるの？」
¿Se puede saber dónde estás?

¿Dónde te has metido?
どこに隠れてるの？

¿Se te ha tragado la tierra o qué?
地面に飲み込まれでもしたの？

❷「何の連絡もないじゃない！」
Tú sin dar señales de vida.

Y no me has mandado ni siquiera un mensaje.
それにメールの1通もくれやしない。

Y no has sido capaz ni de enviarme un mensaje.
それにメールさえ送ってくれない。

❸「いつも同じことやらかすよね」
Es que siempre haces lo mismo.

Es que siempre igual.
いつも同じなんだから！

Es que todas las veces pasa lo mismo.
毎回同じこと繰り返すね！

❹「もううんざり」
Ya te vale.

Estoy muy enfadada.
私、本当に怒ってるからね。

Eres lo peor.
アンタって最悪。

¿Sabías que...? ▶▶▶ ポイント

● ¿Se puede saber...?「どうして…なの？」[相手にはっきり説明してほしいときに使う]
　¿Se puede saber dónde te has metido?（一体どこに行っちゃったの？）
　¿Se puede saber quién ha roto el jarrón?（一体誰が壺を割ったっていうんだ？）
　¿Se puede saber a qué hora llegaste ayer?（一体昨日、何時に戻ってきたの？）

33 「ごめんなさい」 怒らせた相手への謝罪

✉ 32への返信で、言いわけし、謝り、機嫌をとります。

Asunto: Re: Ya te vale

Hola, cariño:

Perdón, perdón, perdón, perdón, perdón. **Siento mucho no haberte avisado de que iba a llegar más tarde.** ❶ Justo cuando estaba a punto de salir de la oficina, llegó un cliente y me tocó atenderlo. Y encima durante un buen rato. Cuando por fin acabé, salí corriendo para coger un taxi sin darme cuenta de que no llevaba el móvil. **Por eso no pude avisarte.** ❷
Al llegar a Hachiko era muy tarde y ya no estabas, claro. Así que volví a casa rápidamente, busqué tu número de teléfono y te llamé unas cuantas veces, pero obviamente no me lo cogiste...
Lo siento mucho. Sé que estás muy enfadada y con razón, pero **te prometo que no volverá a ocurrir.** ❸ Tendré más cuidado.
Te invito a cenar mañana a ese restaurante de sushi que tanto te gusta y así te compenso un poco por lo de hoy. **Venga, no te enfades, anímate.** ❹ Te quiero mucho.
Un beso muy muy fuerte,

Andrés

件名：Re：もううんざり
大好きな君へ
ごめん、ごめん、本当にごめん。**到着が遅れるって連絡しなかったこと、申し訳ない。**❶ 会社を出ようとしたら突然お客さんが来て、僕が接客しないといけなくなったんだ。おまけにこれが長くて。やっと終わって急いでタクシーに飛び乗ったんだけど、携帯を机の上に置き忘れてしまったんだ。**だから君に連絡できなかった。**❷
ハチ公前に着いた時にはかなり遅くなってて、もちろん君はいなかった。すぐ自宅に戻って君の電話番号を調べて何度もかけたけど、やっぱり取ってくれなかった…。
本当にごめんなさい。君はカンカンに怒ってるだろうし、当然のことだ。でも、**もう二度とこんな事がないように約束するよ。**❸ もっと気を付けるから。
明日君の好きな寿司屋で夕飯をごちそうするから今日のことはちょっと許してもらえないかな。**ねえ、そう怒らないで、行こうよ。**❹ 愛しているよ。
キスを送ります。　　　アンドレス

Variaciones　》　バリエーション

❶「到着が遅れるって連絡しなかったこと、申し訳ない」

Siento mucho no haberte avisado de que iba a llegar más tarde.

Perdona por no haberte dicho que me iba a retrasar.
遅れるって連絡しなくてごめん。

Me sabe fatal no haberte podido escribir para decirte que iba a llegar con retraso.
遅刻することを君にメールできなくて申し訳ない。

❷「だから君に連絡できなかった」

Por eso no pude avisarte.

Por eso no he podido decirte nada hasta ahora.
だから、今まで君に何も連絡できなかったんだ。

Por eso no has tenido noticias mías hasta este momento.
だから君は今まで僕と連絡が取れなかったんだ。

❸「もう二度とこんな事がないように約束するよ」

Te prometo que no volverá a ocurrir.

Te aseguro que esto no volverá a pasar. Te doy mi palabra.
もう二度とこんなことはないから。約束するよ。

De verdad esto no volverá a suceder.
本当にもうこんなことはしないよ。

❹「ねえ、そう怒らないで、行こうよ」

Venga, no te enfades, anímate.

Va, que seguro que nos lo pasamos bien.
ほら、きっと楽しいからさ。

Venga, di que sí, por favor.
ねえ、「うん」と言って。お願いだから。

¿Sabías que...? ▶▶▶ ポイント

● Venga/Vamos 「さあ」[誰かにある行為を促すときに使う]
　Venga, levántate, que son más de las diez.（さあ、起きて。10時過ぎてるよ）
　Vamos, que llegamos tarde.（ほら、遅刻するよ）
　¡Vamos! ¡Más deprisa!（ねえ！　もっと急いで！）

34 「迷惑掛けてごめんなさい」
謝罪する

友人に借りたものをなくして、謝ります。

Asunto: Lo siento

Hola, Alejandro:

¿Qué tal? ¿Cómo llevas el trabajo de fin de carrera? ¡A mí aún me queda un montón! Además, como empecé a trabajar los fines de semana en un restaurante... Esta noche me pondré después de cenar e intentaré avanzar un poco.
Bueno, en realidad... **tengo que contarte una cosa...**❶ y es que **me parece que he perdido el USB que me prestaste**❷ la semana pasada. **Lo he buscado por todas partes pero nada, no hay manera.**❸ Hasta he movido todos los muebles de mi habitación... En verdad quería llamarte, pero como aún no tengo confianza con mi español, he preferido escribirte.
Sé que me has ayudado mucho recopilando información para mi tesis y que te ha costado mucho tiempo. Además, en el USB tenías documentos e imágenes personales... Lo siento mucho.
Por supuesto te voy a comprar uno nuevo. **Es lo mínimo que puedo hacer.**❹
Un saludo y perdón de nuevo,

Mitsuo

件名：ごめんなさい

アレハンドロへ
元気？　卒論の方はどう？　僕はまだぜんぜん進んでないよ！　週末にレストランのバイトなんか始めちゃったからね。今夜、夕食終えてからちょっと頑張るつもり。
実は、君に言わなければならないことがあるんだ…。❶　先週君から借りたUSBを、どうやらなくしてしまったようなんだ。❷　いろんな所を探しまくったけれど見つからなくて。これ以上探す当てもなくて。❸　部屋の家具も全部動かしてみたんだけどね…。本当は電話で話そうと思ったけれど、スペイン語でうまく伝えられる自信がなかったからメールしました。
僕の卒論に使えそうな資料を頑張って集めてくれていたんだよね。相当時間かかっただろうに。それにUSBには君の個人的な画像や資料も入っていたよね。本当に申し訳ない。
もちろん、USBは今度弁償します。これぐらいしかできないけど。❹
ではまた。改めて謝ります。　ミツオ

Variaciones　»　バリエーション

❶「君に言わなければならないことがあるんだ…」

Tengo que contarte una cosa...

Tengo que decirte algo...
あなたに言っておくことがあるんだけど…。

Tengo que darte una noticia que no te gustará.
残念なお知らせがあるの。

❷「君から借りた USB を、どうやらなくしてしまったようなんだ」

Me parece que he perdido el USB que me prestaste.

Me ha desaparecido el USB y no lo encuentro, perdón.
USB がどっか消えて見つからないんだ。ごめん。

Me sabe muy mal, pero se me ha perdido el USB, lo siento.
本当に悪いけど、USB をなくしてしまった。申し訳ない。

❸「いろんな所を探しまくったけれど…これ以上探す当てもなくて」

Lo he buscado por todas partes pero nada, no hay manera.

Lo he buscado por toda la casa pero no ha habido forma de encontrarlo.
家中を探したけどどうしても見当たらないんだ。

He puesto toda la casa patas arriba y ni aun así.
家中ひっくり返しても見つからない。

❹「これぐらいしかできないけど」

Es lo mínimo que puedo hacer.

Es que soy un desastre.
僕は、いい加減な人間なんだ。

Te lo compensaré. Y perdona de nuevo.
弁償するよ。改めてゴメン。

¿Sabías que...? ▶▶▶ ポイント

● ponerse a ＋不定詞　「…し始める」
　En cuanto llegó a casa se puso a hacer los deberes.
　（彼［彼女］は家に着いてすぐ宿題に取り掛かった）
　Cuando su madre le quita los juguetes, siempre se pone a llorar.
　（その子はお母さんがおもちゃを取り上げたらいつも泣き出す）

35 「気にしないで」
謝罪に対しての返信

借りた物をなくして謝罪する友人のメール✉34 に返信します。

Asunto: Re: Lo siento

¡Hola, Mitsuo!

¿Cómo estás? Ya veo que ocupado, como siempre. No paras nunca. **Gracias por tu email y por tu sinceridad.** ❶ Dentro del USB tenía mis apuntes de la uni pero no eran importantes, **así que no te preocupes, no pasa nada.** ❷ Además, **lo de perder algo le puede pasar a cualquiera.** ❸ Yo también soy muy despistado y nunca me acuerdo de dónde he puesto las cosas. De hecho, llevo buscando el libro de matemáticas desde hace una semana y no lo encuentro. Tiene que estar por mi habitación, pero no lo veo. Cuando menos me lo espere, seguro que aparece.
Bueno, si encuentras el USB, bien, si no, no es necesario que compres uno nuevo, ¿vale?
Cambiando de tema, ¿vas a ir a la clase de esta tarde? Yo tengo una entrevista de trabajo, así que no podré ir, ¿Podrías dejarme los apuntes luego? **Así estamos en paz** ❹ jaja.
Un saludo,

Alejandro

件名：Re：ごめんなさい
ミツオへ！
元気かい？　いつものことだけど忙しそうだね。君はちっともじっとしてないよね。
メールをくれて、正直に話してくれてありがとう。❶　USBの中には僕の大学の成績表が入っていたけど、そんなに大切なものじゃないから**気にしなくていいよ、大丈夫。**❷　それに、**物をなくすって誰にでもあるし。**❸　僕も本当にうっかり屋でね、どこに置いたかいつも忘れてしまうんだ。実際、1週間前から数学のテキストを探してるんだけど、見つからないんだよ。僕の部屋にあるはずなのに見当たらなくてね。もう要らなくなった時に出てくるんだよね。
もしUSBが見つかったらうれしいけど、見つからなくても新しいのを買う必要はないからね。
話変わるけど、今日、午後からの授業出るよね？　僕は仕事の面接があって行けないから、ノート取ってくれないかな？　**これでチャラってことで**❹（笑）。
よろしく。
アレハンドロ

Variaciones » バリエーション

❶「メールをくれて、正直に話してくれてありがとう」

Gracias por tu email y por tu sinceridad.

Muchas gracias por el correo y por ser sincero conmigo.
メールをくれて、正直に言ってくれて本当にありがとう。

Te agradezco que me hayas contado la verdad.
本当のことを知らせてくれてありがとう。

❷「気にしなくていいよ、大丈夫」

Así que no te preocupes, no pasa nada.

Pero tranquilo, no es el fin del mundo.
大丈夫、これで世の終わりって訳じゃないから。

No te preocupes, ¿qué le vamos a hacer?
心配しないで。仕方ないでしょう。

❸「物をなくすって誰にでもあるし」

Lo de perder algo le puede pasar a cualquiera.

Lo de perder una cosa nos puede pasar a todos.
誰でも物をなくすことはある。

Todos hemos perdido algo en alguna ocasión.
物をなくすことなんて誰にでもある。

❹「これでチャラってことで」

Así estamos en paz.

Un día por ti y otro por mí.
お互いさまね。

Así estamos igual.
これでおあいこだね。

¿Sabías que...? ▶▶▶ ポイント

● De hecho ［直前に述べたことを補足・説明するときに使う連結詞］
Me encanta la fruta. De hecho, todos los días como dos piezas como mínimo.
（私は果物が大好き。実際、毎日少なくとも2つは食べる）
No creo que Ana quiera venir al parque de atracciones. De hecho, la última vez también se negó.
（アナが遊園地に行きたがっているとは思えないよ。実際、前回も行かないと言っていた）

36 「私とお付き合いしてください」
好きだと告白する

遠方にいる人に自分の気持ちを伝えます。

Asunto: Tengo algo que decirte

Hola, Héctor:

Ya estoy de vuelta en Japón. Por aquí todo bien… bueno, como siempre, aunque no paro de darle vueltas a una cosa…
A decir verdad, me he dado cuenta de mis verdaderos sentimientos. Creo que **estoy empezando a sentir cosas por ti.** ❶ **Por más que lo intente, no puedo dejar de pensar en ti.** ❷
Creerás que se trata de una broma, pero me está pasando de verdad y me da pena no haberme dado cuenta antes… Si tan solo pudiera volver a verte pronto… Al principio no supe qué era este sentimiento, pero está claro que **uno no sabe lo que tiene hasta que lo pierde.** ❸
Sé que las relaciones a distancia son difíciles, pero te lo voy a preguntar directamente. **¿Quieres salir conmigo?** ❹ Si tú también sientes lo mismo, respóndeme cuanto antes, por favor. Si no, espero que podamos seguir siendo amigos como hasta ahora. Igual te has sorprendido con este email. No quería molestarte, pero necesitaba decírtelo.
Un beso,

Yukari

件名：伝えたいことがあります

エクトルへ
無事日本に戻りました。私は元気です。でも、ずっとあることが頭を離れません。
実は、あなたに対する本当の自分の気持ちに気が付きました。たぶん、**あなたのことがだんだん好きになり始めています。**❶　いくらやめようとしても、**あなたのことばかり考えてしまいます。**❷
あなたは冗談だと思うかもしれないけれど、これが今の私の正直な気持ち。なぜもっと早く気が付かなかったんだろうと悔やんでいます…。またすぐにあなたに会えたらいいのに…。最初この感情が何なのか分からなかった。けれど、**あなたと離れて初めて気が付きました。**❸
遠距離恋愛が難しいことは知っているつもり、でもはっきり言います。**私とお付き合いしてもらえませんか?**❹　もし、あなたも私と同じ気持ちなら、すぐにお返事ください。でも、もしそうじゃなかったとしても、今までみたいに友達でいてくれたらうれしいです。こんなメール、驚いたよね。あなたを困らせるつもりはないけれど、どうしてもこの気持ちが伝えたかったの。
ではまた。　ユカリ

Variaciones　»　バリエーション

❶「あなたのことがだんだん好きになり始めています」
Estoy empezando a sentir cosas por ti.

Estoy enamorada de ti.
あなたを愛しています。

Me gustas muchísimo.
あなたのことが大好きです。

❷「いくらやめようとしても、あなたのことばかり考えてしまいます」
Por más que lo intente, no puedo dejar de pensar en ti.

Cada vez que cierro los ojos puedo ver tu sonrisa.
目を閉じると、あなたの笑顔が浮かびます。

Los momentos que pasamos juntos han sido maravillosos.
一緒に過ごした時間は最高に楽しかったです。

❸「あなたと離れて初めて気が付きました」
Uno no sabe lo que tiene hasta que lo pierde.

Tu ausencia pesa demasiado en mi corazón.
あなたがいないとつらくてやりきれないの。

Nunca me había sentido tan sola y triste como ahora.
こんなに孤独で寂しい思いをしたことはこれまでありません。

❹「私とお付き合いしてもらえませんか？」
¿Quieres salir conmigo?

¿Quieres que seamos novios?
付き合ってもらえませんか？

¿Te gustaría ser mi novio?
私の彼氏になってもらえますか？

¿Sabías que...? ▶▶▶ ポイント

● 愛の表現
Te quiero.　（愛してる）
No puedo vivir sin ti.（君なしでは生きられない）
Eres mi vida.（君は僕の人生）
Tuve un flechazo.　（ひと目惚れした）
Fue amor a primera vista.　（ひと目で恋に落ちた）
Te echo de menos.　（君のことが恋しい）

37 「友達のままでいよう」告白を断る

✉ 36 の告白に応じられないことを伝えます。

Asunto: Re: Tengo algo que decirte

Hola, Yukari:

Tengo que confesar que tu correo me ha sorprendido, pero muchas gracias por ser tan sincera. Ahora bien, siento mucho tener que decirte que **no puedo verte como algo más que una amiga.** ❶
La razón no tiene nada que ver con que estés tan lejos. Ni siquiera yo sé por qué no siento lo mismo, pues **eres una persona con la que muchos querrían compartirlo todo**❷, pero comprenderás que estas cosas no se pueden forzar. **Lo siento por no poder corresponderte.** ❸ **De verdad que no quiero hacerte daño.** ❹
Te tengo mucho cariño, Yukari, y a mí tampoco me gustaría perderte como amiga. Quiero dejarte claro que mi amistad la tendrás siempre, que me siento muy a gusto a tu lado, aunque comprendo que ahora mismo no es lo que quieres oír.
Un beso,

Héctor

件名：Re：伝えたいことがあります
ユカリへ
君からのメール、驚きました。でも正直に話してくれて本当にありがとう。ただ、申し訳ないけれど、僕は君のこと、**友達の一人としてしか見られない**❶ってことを言わなければならない。
君が遠くにいるからではないよ。**君は誰もが一緒にいたいと思うほどすてきな女性だけれど**❷、ただ僕は君と同じ気持ちにはなれないんだ。こんな感情は、無理に変えられないってことを理解してほしい。**君の気持ちに応えられなくて申し訳ない。**❸　**本当に君のこと傷付けたくないんだ。**❹
ユカリ、僕は君のことをとても大切に想っているし、友達として失いたくないんだ。僕の友情はずっと続くことをはっきりしておきたい、君と一緒にいるととても落ち着くんだ。今君はこんなこと聞きたくないって分かってはいるけれど。
またね。
エクトル

Variaciones　»　バリエーション

❶「友達の一人としてしか見られない」

No puedo verte como algo más que una amiga.

Mis sentimientos por ti no han cambiado y me gustaría que siguiéramos siendo amigos.
あなたへの感情は変わっていないので、友達のままでいたいです。

Te quiero únicamente como amigo, nada más.
友達としては大好きだ。でもそれ以上じゃない。

❷「君は誰もが一緒にいたいと思うほどすてきな女性です」

Eres una persona con la que muchos querrían compartirlo todo.

Eres una chica maravillosa.
君はすばらしい女性だ。

Me encanta tu forma de ser y tienes una sonrisa preciosa.
あなたの人柄が大好きで、笑顔がすてきです。

❸「君の気持ちに応えられなくて申し訳ない」

Lo siento por no poder corresponderte.

Lamento no sentir lo mismo por ti.
同じ気持ちになれなくてゴメン。

Mis sentimientos no se corresponden a los tuyos.
僕の気持ちは君と一緒じゃないんだ。

❹「本当に君のこと傷付けたくないんだ」

De verdad que no quiero hacerte daño.

No me gustaría herirte, pero prefiero que seamos amigos.
傷付けたくないけど、でも友達のままでいたい。

Estoy demasiado concentrado en mi trabajo como para tener una relación seria.
誰かと付き合うより、今は自分の仕事に集中したいんだ。

> ¿Sabías que...? ▶▶▶ ポイント
>
> ● 恋愛に関する表現
>   He roto con mi novio.（彼氏と別れちゃった）
>   Héctor me ha dado calabazas.（私、エクトルに振られちゃった）
>   Le puso a su marido los cuernos con el vecino.（彼女は夫をだまして近所の男と浮気をした）
>   Le ha sido infiel a su mujer.（彼は妻をだまして浮気をした）
>   Alberto se ha ligado a la chica más guapa de clase.
>   （アルベルトはクラスで一番カワイイ子をひっかけた）

コラム2

略語・顔文字

チャットやSNSで使われる略語は、素早く簡潔にメッセージを伝えるのに便利です。国や人によって違う意味になる場合もあります。

■ABREVIATURAS

Xq / xk	porque（なぜなら）	Weno	bueno（よい）
Xo	pero（でも）	Xfa	por favor（お願い）
Xa	para（…のための）	Xau	chao（バイバイ（イタリア語））
Sbs	sabes（知っている）	Ben / bn	bien（いいね）
Es k / es q	es que（実は）	Salu2	saludos（またね）
K / q	que（なに？ …ということ）	X	por（…のために）
D	de（…の）	Ok	de acuerdo（了解）
Mñn	mañana（明日）	Ymm	llámame（電話して）
Tmb / tb	también（…も）	Cnd	cuando（いつ、…する時）
Tqm	te quiero mucho（愛してます）	Wapa	guapa（カワイイ）
Bss	besos（愛をこめて）	Wapo	guapo（カッコイイ）

■略語を使った例文

Hla wapa! Kdamos xa cnar? A k hora? Bss!!
＝¡Hola guapa! ¿Quedamos para cenar? ¿A qué hora? ¡¡Besos!!
（ねえ、晩ごはん食べに行かない？ 何時にする？ じゃあね）

No pedo ir, tng k studiar. Mñn tng xamen.
＝No puedo ir, tengo que estudiar. Mañana tengo un examen.
（勉強するから行けない。明日、試験なの）

Weno, tng k ir a klas. Lego ns vmos!
＝Bueno, tengo que ir a clase. ¡Luego nos vemos!
（じゃあ、授業に行くから。後で会おう）

María no sta n ksa xo le dire k t ym.
＝María no está en casa pero le dire que te llame.
（マリアは家にいないけど、あなたに電話するよう伝えるね）

No ntiendo sto d mates, xfa ayudam cnd pedas.
＝No entiendo esto de matemáticas, por favor ayúdame cuando puedas.
（数学が分からないの。できるときに教えて）

■顔文字

スペインで代表的な顔文字を見てみましょう。

:)	笑	:(	悲しい	xxx	3つのキス
:D	ハハハハ	:P	あっかんべー	:,(	涙
:o	びっくり	x	キス	XD	大笑い

ns
第3章

オフィシャルメール

38 「講座について教えてください」 語学学校への問い合わせ

コースについて尋ねます。

Asunto: Cursos de verano

Estimados señores:

Me dirijo a ustedes porque❶ este verano tengo planeado viajar a España durante un mes y **estoy interesada en los cursos intensivos que oferta su escuela❷** a partir del 20 de julio.
Según el catálogo de su página web, ofrecen cursos de nivel A1 a C1, de dos y cuatro semanas. Me gustaría matricularme en uno de dos semanas, pero no sé qué nivel sería el más adecuado. Hace dos años aprobé el DELE B1, pero desde entonces no he practicado demasiado. **¿Hay que realizar algún examen de nivel para acceder a los cursos?❸**
Por otro lado, **les agradecería que me enviasen información sobre el contenido** y la dinámica **de las clases❹**, los requisitos necesarios para la inscripción, la forma de pago, los libros de texto utilizados, etc.
Muchas gracias de antemano.
Atentamente,

Toshiko Uemura

件名：サマーコース
ご担当者様
私は今年の夏に1カ月間のスペイン旅行を予定しており、7月20日から始まる**貴校のインテンシブ・コースに興味があり❷お尋ねいたします。❶**
そちらのWEBサイトでコース一覧を拝見したところ、A1からC1レベルで2週間と4週間のコースが開講されています。私は2週間コースに申し込みたいのですが、どのレベルが一番いいのか分かりません。2年前にDELEのB1に合格しましたが、その後はさほど勉強していません。**コースに参加するにはレベルチェックを受ける必要がありますか？❸** それから、**クラスの内容と授業スタイル、申し込みに必要な条件、支払方法、使用するテキスト等について教えていただけると助かります。❹**
どうぞよろしくお願いいたします。
敬具
ウエムラ・トシコ

Variaciones　»　バリエーション

❶「お尋ねいたします」

Me dirijo a ustedes porque...
Les escribo porque...
…（という理由）からメールを差し上げています。

Me pongo en contacto con ustedes porque...
…（という理由）でご連絡しています。

❷「貴校のインテンシブ・コースに興味があります」

Estoy interesada en los cursos intensivos que oferta su escuela.
Me interesaría realizar alguno de los cursos intensivos que ofrece su centro.
貴センターで開講されているインテンシブ・コースに参加したいと考えています。

Me gustaría matricularme en el curso de Historia de España.
貴校で実施されているスペイン史コースに申し込みたいと思っています。

❸「コースに参加するにはレベルチェックを受ける必要がありますか？」

¿Hay que realizar algún examen de nivel para acceder a los cursos?
¿Es necesario hacer un examen de acceso?
入学試験を受ける必要がありますか？

¿Se debe realizar algún tipo de examen de nivel de español?
スペイン語のレベルチェック等を受けないといけませんか？

❹「クラスの内容について教えていただけると助かります」

Les agradecería que me enviasen información sobre el contenido de las clases.
Me interesaría también recibir información sobre los cursos de DELE.
DELE コースに関する情報も送っていただきたいのですが。

¿Serían tan amables de enviarme información sobre el curso de cine?
お手数ですが、映画コースについてお知らせいただけませんか？

¿Sabías que...? ▶▶▶ ポイント

● コース問い合わせの表現
Les agradecería que me informasen del día que empiezan los cursos.
（開講日について教えていただければ幸いです）
Me gustaría saber el tiempo que tardaría en recibir la carta de aceptación.
（入学許可書を受け取るのに、何日くらいかかりますか？）

39 「ホームステイについて教えてください」
宿泊先の情報依頼

寮やホームステイの情報を依頼します。

○ Asunto: Alojamiento en casa de una familia

Estimados señores:

Me llamo Norihiro Yamada y soy japonés. **He decidido matricularme en uno de sus cursos de español ❶** de tres meses que comienzan el próximo mes de julio y **me gustaría recibir información sobre las opciones de alojamiento que existen. ❷**
Mi primera opción sería vivir en casa de una familia española, pero si no es posible, me interesaría alojarme en una residencia de estudiantes. En el caso de la familia, entre semana **tan solo necesitaría desayuno y cena ❸**, y los fines de semana tengo pensado realizar algunos viajes, así que solo desayuno.
En cuanto al tipo de habitación, a ser posible, estaría interesado en una habitación individual. Si, además, la familia vive cerca de la escuela o tiene hijos universitarios como yo, mucho mejor.
¿Podrían enviarme información al respecto? ❹ Muchas gracias.
Atentamente,

Norihiro Yamada

件名：ホームステイ
ご担当者様
私はヤマダ・ノリヒロと申します。日本人です。今度の7月に始まる**貴校の3カ月間のスペイン語コースを受講します。❶** そこで、**宿泊先としてどのような選択肢があるか情報をいただければと思います。❷**
私の第1希望はスペイン人家庭でホームステイすることですが、もし無理であれば、学生会館に宿泊したいと思っています。ホームステイの場合、平日は**朝と夜の2食付を希望します。❸** 週末は旅行に行くつもりなので、朝食のみで結構です。部屋に関しては、できれば個室を希望します。さらに、もしステイ先が学校の近くにあるか、私と同じくらいの大学生のお子さんがいらっしゃれば、なお良しです。
この件に関して教えていただけますか？❹ よろしくお願いいたします。
敬具
ヤマダ・ノリヒロ

Variaciones　»　バリエーション

❶「貴校のスペイン語コースを受講します」

He decidido matricularme en uno de sus cursos de español.

Acabo de inscribirme en uno de sus cursos de verano.
貴校のサマーコースに受講を申し込んだところです。

He formalizado la matrícula en uno de los cursos de verano.
貴校のサマーコースに受講手続きをしました。

❷「宿泊先としてどのような選択肢があるか情報をいただければと思います」

Me gustaría recibir información sobre las opciones de alojamiento que existen.

Me interesaría que me informasen sobre las familias o residencias de estudiantes con los que tienen acuerdo en su escuela.
貴校と提携のあるホームステイ先または学生会館について教えていただければと思います。

Desearía que me enviaran información acerca de pisos compartidos.
ルームシェアについての情報を送っていただきたいのですが。

❸「朝と夜の2食付を希望します」

Tan solo necesitaría desayuno y cena.

Querría pensión completa entre semana.
平日は3食付きを希望いたします。

Me gustaría estar a régimen de media pensión.
2食付き（朝食と夕食）でお願いできればと思います。

❹「この件に関して教えていただけますか？」

¿Podrían enviarme información al respecto?

Les agradecería que me proporcionaran información al respecto.
この件について情報をご提供いただけますと幸いです。

¿Les importaría enviarme algún folleto con información al respecto?
この件に関する情報が記載されたパンフレットをお送りいただけますか？

¿Sabías que...? ▶▶▶ ポイント

● ホームステイの希望を伝える表現
Querría alojarme con una familia que no tenga gatos, ya que soy alérgico.
（猫アレルギーがあるので、猫を飼っていない家を希望します）
Preferiría vivir con una familia que no tuviera niños pequeños porque quiero estudiar tranquilamente.
（静かに勉強したいので、小さな子供のいない家を希望します）

40 「大学院入学を希望します」 大学への問い合わせ

自己紹介をして、希望する研究科などを知らせます。

Asunto: Programa de posgrado

Estimados señores:

Mi nombre es Mayu Yasuda, soy japonesa y tengo 22 años. Me pongo en contacto con ustedes porque **me gustaría solicitar la admisión en el programa de posgrado❶** de Biología Marina que ofrece la Facultad de Ciencias Naturales de su universidad.
Soy licenciada en Biología por la Universidad de Keio❷ y he realizado unas prácticas de seis meses en los laboratorios Takuma investigando la fauna marina de la zona de Okinawa. En cuanto a mi nivel de español, **poseo el certificado de DELE B2❸** y estoy preparándome para presentarme al nivel C1 el próximo mes de mayo.
¿Serían tan amables de informarme sobre los plazos de matrícula y la documentación necesaria para formalizarla?
Agradeciéndoles de antemano su ayuda, reciban un cordial saludo❹,

Mayu Yasuda

件名：大学院課程
ご担当者様
私はヤスダ・マユと申します。22歳の日本人です。貴大学の自然科学部に設置されている海洋生物学の**大学院課程への入学を許可していただきたく❶**、ご連絡差し上げる次第です。
私は**京王大学の学士号（生物学）を持っており❷**、タクマ研究室で沖縄エリアにおける海洋生物相の研究をしながら6ヵ月間の実習を行ってきました。スペイン語のレベルは、**DELEのB2に合格しており❸**、来る5月にC1レベルを受験するため勉強しているところです。
お手数ですが、入学手続きの期間およびその手続きに必要な書類を教えていただけますか？
ご対応のほど、どうぞよろしくお願い申し上げます。❹
ヤスダ・マユ

3 オフィシャルメール

Variaciones » バリエーション

❶「大学院課程への入学を許可していただきたいです」

Me gustaría solicitar la admisión en el programa de posgrado.

Desearía inscribirme en el seminario sobre Economía del profesor...
…先生の経済学のゼミを履修したく存じます。

Querría matricularme en el máster en Interpretación.
修士課程で通訳論の履修を希望いたします。

❷「私は京王大学の学士号(生物学)を持っています」

Soy licenciada en Biología por la Universidad de Keio.

Tengo la licenciatura en Psicología por...
私は、…大学の学士号(心理学)を持っています。

He acabado este año el máster en Lengua y Cultura Españolas por …
私は今年、…大学のスペイン言語文化学部の修士課程を修了しました。

❸「DELEのB2に合格しています」

Poseo el certificado de DELE B2.

Actualmente estoy cursando el nivel B1 en el Instituto Cervantes, pero no poseo ningún certificado de DELE.
私は現在、インスティテュート・セルバンテスでB1レベルのクラスを受講していますが、まだDELEの認定証は持っていません。

Llevo estudiando cuatro años en una academia de idiomas, en una clase de nivel intermedio.
私は語学学校で4年間学習していて、中級レベルのクラスにいます。

❹「ご対応のほど、どうぞよろしくお願い申し上げます」

Agradeciéndoles de antemano su ayuda, reciban un cordial saludo,

Muchas gracias de antemano. Atentamente,
どうぞよろしくお願いいたします。敬具

En espera de sus noticias, les saluda atentamente,
ご連絡お待ちしておりますので、どうぞよろしくお願いいたします。

¿Sabías que...? ▶▶▶ ポイント

● 大学に関する単語

licenciatura	学士号	carrera	(大学の)専門課程
licenciado/a	学士	facultad	学部
máster	修士号、修士課程	asignatura	科目
doctorado	博士号、博士課程	convalidación	単位認定

41 「入学許可書を送ってください」
書類の催促

学校に入学許可書を催促します。

Asunto: Carta de aceptación

Estimados señores:

Disculpen que vuelva a molestarles. ❶ Hace dos semanas me inscribí en el curso de español nivel B1, que comenzará el próximo mes de septiembre y cuya duración es de seis meses, pero **todavía no he recibido la carta de aceptación por parte de su escuela.** ❷
Como ya saben, **para solicitar el visado en la embajada es necesario presentar** ❸ una carta de aceptación de su escuela en la que se incluyan los detalles y la duración del curso, y debe ser por correo postal. ¿Podrían confirmarme si la han enviado ya? Si no es así, **les estaría enormemente agradecida si pudieran enviármela con urgencia** ❹, ya que los trámites para el visado requieren también bastante tiempo.
Gracias por adelantado.
Atentamente,

Tomoko Ishiwatari

件名：入学許可書
ご担当者様
重ねてのご連絡をお許しください。❶　2週間前、今度の9月に開講される6カ月間のスペイン語コースB1レベルに申し込みましたが、**まだ貴校から入学許可書をいただいておりません。**❷ ご存知のように、**大使館でのビザ申請には**コースの詳細と期間が記載された貴校の入学許可書**の提出が必要です。**❸　なお、それらの書類は郵送していただかなくてはいけません。すでに送付されたかどうか教えていただけますか？　もしまだでしたら、ビザの手続きにも相当の時間を要しますので、**至急お送りいただけると大変助かります。**❹
よろしくお願いいたします。
敬具
イシワタリ・トモコ

Variaciones　»　バリエーション

❶「重ねてのご連絡をお許しください」

Disculpen que vuelva a molestarles.

Perdonen que les moleste de nuevo.
度々失礼いたします。

Perdón por molestarles una vez más.
度々ご迷惑をおかけしてすみません。

❷「まだ貴校から入学許可書をいただいておりません」

Todavía no he recibido la carta de aceptación por parte de su escuela.

Aún no me ha llegado la carta de aceptación que les había solicitado.
申請した入学許可書がまだ届いておりません。

Sigo sin recibir la carta de aceptación por parte de su institución.
貴機関からの入学許可書をいまだに受け取っておりません。

❸「大使館でのビザ申請には…の提出が必要です」

Para solicitar el visado en la embajada es necesario presentar...

Con el fin de obtener el visado es imprescindible presentar...
ビザ取得のためには…の提出が不可欠です。

A fin de realizar los trámites necesarios para el visado es indispensable entregar...
ビザに必要な手続きをするには…を必ず提出しなくてはなりません。

❹「至急お送りいただけると大変助かります」

Les estaría enormemente agradecida si pudieran enviármela con urgencia.

Serían tan amables de enviármela con urgencia?
お手数ですが、至急ご送付いただけますか？

Les ruego que me la envíen a la mayor brevedad posible.
どうかできるだけ早くお送りいただけないでしょうか。

¿Sabías que...?　▶▶▶　ポイント

● 入学手続きの表現
Adjunto remito el justificante de transferencia bancaria. ¿Podrían confirmarme que todo ha llegado correctamente?
（銀行振込証明書を添付します。すべてきちんと届いているかご一報いただけますか？）
¿Les importaría enviarme el resguardo de la matrícula?
（お手数ですが、登録証明書をお送りいただけますか？）

42 「ホームステイでお世話になります」
ホストファミリーへのごあいさつ

ホストファミリーに自己紹介をします。

Asunto: Encantado

Estimada señora Martínez:

Me llamo Kazuki Yamaguchi y **he recibido su dirección de correo electrónico a través de❶** la escuela de español Avanza. **Le estoy muy agradecido por permitirme vivir en su casa❷** durante mi próxima estancia de estudios en España.
Ante todo, me gustaría presentarme un poco. Tengo 21 años y actualmente estudio Filología Hispánica en Tokio. **Llevo tres años estudiando español❸**, pero todavía no puedo hablar con fluidez y esta va a ser mi primera experiencia viviendo en el extranjero. Me gusta mucho el cine y en mis ratos libres toco la guitarra. También soy muy aficionado al fútbol. Mi equipo favorito es el Barça.
Estoy un poco nervioso, pero tengo muchas ganas de conocer a toda la familia y **espero poder aprender mucho y mejorar el español❹** durante mi estancia en su casa.
Muchas gracias y un saludo,

Kazuki Yamaguchi

件名:初めまして
マルティネス様
私はヤマグチ・カズキと申します。スペイン語学校「アバンサ」を通じてあなたのEメールアドレスを知りました。❶　今度、スペインでの留学期間中にそちらでホームステイさせていただくことになり、とてもありがたく思っています。❷
最初に少し自己紹介をさせていただきます。私は21歳で、現在東京でスペイン文献学を学んでいます。スペイン語の勉強を始めて3年になります❸が、まだ流暢に話すことができず、今回が初めての海外生活です。映画が好きで、暇な時はギターを弾きます。また僕はサッカーが大好きでバルサのファンです。
少し緊張していますが、ご家族の皆さんとぜひ仲良くなりたいです。ホームステイ中に多くを学んでスペイン語を上達させたいと思っています。❹
どうぞよろしくお願いいたします。
ヤマグチ・カズキ

Variaciones » バリエーション

❶「…を通じてあなたの E メールアドレスを知りました」

He recibido su dirección de correo electrónico a través de...

La escuela de español me ha proporcionado su dirección de email.
スペイン語の学校であなたの E メールアドレスを教えてもらいました。

He sabido su correo electrónico gracias a la escuela de español.
スペイン語の学校を通じてあなたの E メールを知りました。

❷「そちらでホームステイさせていただくことになり、とてもありがたく思っています」

Le estoy muy agradecido por permitirme vivir en su casa.

Muchísimas gracias por permitir que me aloje en su casa.
ホームステイを受け入れてくださり、本当にありがとうございます。

Me gustaría darle las gracias por acogerme en su casa.
お宅に泊まらせていただくことになり、感謝しています。

❸「スペイン語の勉強を始めて3年になります」

Llevo tres años estudiando español.

Hace tres años que estudio español.
私は 3 年前からスペイン語を勉強しています。

Estudié español cuatro años en la universidad.
私は大学で4年間、スペイン語を勉強しました。

❹「多くを学んでスペイン語を上達させたいと思っています」

Espero poder aprender mucho y mejorar el español.

Espero aumentar mi nivel de español y aprender muchas cosas.
スペイン語をレベルアップさせて、多くのことを学びたいと考えています。

Estoy deseando aprender no solo español, sino también las costumbres y la cultura españolas.
スペイン語だけでなく、スペインの習慣や文化についても学びたいと思っています。

¿Sabías que...? ▶▶▶ ポイント

● ステイ先やコース変更依頼の表現
Si es posible, desearía cambiar la familia que me han asignado.
(できれば、ご紹介いただいたステイ先の変更をお願いしたいと思います)
Me gustaría cambiar/cancelar el curso al que me había matriculado.
(すでに受講手続きを済ませたコースを変更/キャンセルしたいのですが)

43 「クラスの変更を考えています」
語学学校の先生への相談
先生にアドバイスを求めます。

Asunto: Cambio de clase

Estimado profesor Pedro Martín:

Soy Shizuka Kotake, su alumna de la clase de español B2 de los martes y jueves. **Como se habrá dado cuenta❶, desde que empezó el nuevo curso, me cuesta seguir el ritmo de la clase❷**, no entiendo casi nada cuando hacemos audiciones y, lo que es peor, poco a poco estoy perdiendo la motivación.
Lo he estado pensando varios días y **creo que lo mejor sería bajar de nivel, y así repasar la gramática❸** y el vocabulario que me faltan durante un tiempo. De todas formas, quería consultarlo con usted primero. ¿Qué le parece mi propuesta? **¿Cree que sería lo más adecuado?❹**
Espero su respuesta.
Un saludo,

Shizuka Kotake

件名：クラスの変更
ペドロ・マルティン先生
私は火曜と木曜のスペイン語B2クラスで先生に教わっているコタケ・シズカです。**お気付きかと思いますが❶**、　新コースが始まって以来クラスのペースについていくのが困難で❷、リスニングの時はほとんど何も理解できていません。さらに悪いことには、だんだんモチベーションが下がっています。
何日か考えていたのですが、一番良いのはレベルを落として、しばらくの間、私に足りない**文法**と**語彙**の復習をすることではないかと思います。❸　いずれにしても、まずは先生のご意見を伺えればと存じます。私の考えはいかがですか？　**これがベストだと思われますか？❹**
お返事をお待ちしております。
敬具
コタケ・シズカ

Variaciones　»　バリエーション

❶「お気付きかと思いますが」

Como se habrá dado cuenta,

Seguramente ya se habrá fijado,
おそらく気付いていらっしゃると思いますが…。

Supongo que se habrá percatado,
すでにお分かりだと存じますが…。

❷「新コースが始まって以来クラスのペースについていくのが困難です」

Desde que empezó el nuevo curso, me cuesta seguir el ritmo de la clase.

Desde que comenzamos el nuevo curso no puedo seguir la clase.
新コースが始まってから、クラスについていけません。

El nuevo curso me parece demasiado difícil y no consigo entender nada.
新コースは私には難しすぎて何も理解できません。

❸「一番良いのはレベルを落として、文法の復習をすることではないかと思います」

Creo que lo mejor sería bajar de nivel, y así repasar la gramática.

Me gustaría cambiar de clase porque todos mis compañeros son del mismo país y en los descansos no hablan en español.
クラスメートが全員同じ国の出身者で、休み時間になるとスペイン語を使わないため、クラスを変えていただければと思います。

Querría cambiar a una clase de nivel superior porque ya he estudiado todo lo que estamos haciendo ahora.
今の内容はすべて学習済みなので、上級クラスに変更していただきたいのですが。

❹「これがベストだと思われますか?」

¿Cree que sería lo más adecuado?

¿Cree que me convendría?
私に合っていると思いますか?

¿Piensa que sería lo mejor para mí?
それが私にとってベストだと思われますか?

¿Sabías que...?　▶▶▶　ポイント

● 動詞 costar「…するのが難しい」
　Me cuesta aprenderme la conjugación de los verbos.
　(私は動詞の活用を覚えるのに苦労している)
　Me cuesta hablar delante de otras personas.
　(私は人前で話すのが苦手です)

44 「推薦状を書いていただけますか？」
推薦状の依頼

教授に推薦状をお願いします。

Asunto: Carta de recomendación

Estimada profesora Lorena Montesinos:

Me llamo Takashi Haimoto y este año he sido alumno suyo en la clase de Español III. Le escribo para comentarle que el próximo mes de septiembre me gustaría matricularme en el máster de Lengua y Cultura Españolas que ofrece la Universidad Autónoma de Barcelona.
He mirado los requisitos necesarios❶ y entre ellos necesito una carta de recomendación de algún profesor que me haya impartido clase y que esté relacionado con el mundo del español, y **había pensado en usted porque es quien mejor me conoce.❷ ¿Le importaría hacerme este favor?❸**
También necesito demostrar un nivel B2 del idioma, pero como este año he aprobado el DELE B2, espero no tener ningún problema. Aun así, **parece ser que hay mucha competencia para entrar en el máster❹**, así que tendré que esforzarme bastante. Si finalmente puede prepararme la carta, iré a recogerla a su despacho cuando le venga bien. Muchas gracias de antemano.
Atentamente,

Takashi Haimoto

件名：推薦状

ロレーナ・モンテシーノス教授

私はハイモト・タカシと申します。今年、先生のスペイン語Ⅲの授業を受けています。今度の9月にバルセロナ自治大学の修士課程スペイン語・文化コースへの入学を考えていることをお伝えしたくてメールを差し上げています。
出願書類を確認したところ❶、私が教わったことのあるスペイン語関係の先生からの推薦状が必要です。そこで、**私のことをよくご存知でいらっしゃる先生にお願いできればと考えました。**
❷ お引き受けいただけますでしょうか？❸
なお、スペイン語がB2レベルであると証明する必要がありますが、今年DELEのB2に合格したため、この点では何も問題ないと思います。しかし、**この修士課程に入るには非常に競争率が高そうで❹**、　かなり努力しないといけません。もし推薦状を書いていただけるようでしたら、ご都合のよろしいときに先生の研究室に受け取りに伺います。
どうぞよろしくお願いいたします。　　敬具　　ハイモト・タカシ

Variaciones　»　バリエーション

❶「出願書類を確認したところ…」

He mirado los requisitos necesarios...

He comprobado qué documentos tengo que presentar...
提出書類を確認したところ…。

He estado buscando cuál es la documentación que se necesita...
必要書類を調べたら…。

❷「私のことをよくご存知でいらっしゃる先生にお願いできればと考えました」

Había pensado en usted porque es quien mejor me conoce.

Creo que usted es la persona más indicada para ello porque es mi tutor.
先生は私の指導教官なので、最も適任な方だと考えています。

Pienso que no hay nadie que me conozca mejor que usted.
先生こそが私のことを一番よくご存知でいらっしゃると思います。

❸「お引き受けいただけますでしょうか？」

¿Le importaría hacerme este favor?

¿Me haría el favor de escribirme la carta de recomendación?
私に推薦状を書いていただけますか？

¿Sería tan amable de prepararme este documento?
お手数ですが、この書類を書いていただけないでしょうか？

❹「この修士課程に入るには非常に競争率が高そうです」

Parece ser que hay mucha competencia para entrar en el máster.

Por lo visto, muchos estudiantes quieren cursar este mismo máster.
どうやら多くの学生がこの修士課程を希望しているようです。

Al parecer es un máster muy demandado y no es nada fácil entrar.
おそらくこの修士課程は非常に人気が高く簡単には入学できないと思われます。

¿Sabías que...?　▶▶▶　ポイント

● 依頼の表現

¿Podría entregar el trabajo de Economía un poco más tarde?
（経済学のレポート提出が少し遅くなってもよろしいですか？）

¿Le importaría revisarme el trabajo que le adjunto?
（添付のレポートをご確認いただけますか？）

¿A qué hora puedo ir a su despacho? Me gustaría consultarle algo.
（先生の研究室には何時に伺えばよいでしょうか？　ご相談したいことがあります）

45 「ツアーについて教えてほしい」
ツアーの問い合わせ
主催者に詳細を確認します。

Asunto: Tablao flamenco

Estimados señores:

A través de su página web he podido saber que❶ organizan visitas guiadas a tablaos flamencos❷ en las que, además del espectáculo de baile, se incluye también la cena.
Somos un grupo de ocho turistas japoneses y estamos interesados en dicha visita. Por un lado, ¿cuánto cuesta por persona? ¿Podríamos saber con antelación quiénes serían los cantaores y bailaores? ¿Con cuántos días de antelación como mínimo deberíamos hacer la reserva? **¿En qué consistiría la cena?** ❸ Y, por último, ¿hay servicio de autobús hacia el hotel después del espectáculo?
Por otro lado, también les agradeceríamos que nos informasen si organizan otro tipo de visitas guiadas por la ciudad además del tablao flamenco. **Disculpen tantas preguntas.** ❹
Agradeciéndoles su atención de antemano, reciban un saludo,

Kanako Aoki

件名：フラメンコのタブラオ
ご担当者様
そちらのホームページで、タブラオで鑑賞する夕食付き**フラメンコツアーを企画されている**❷**と知りました。**❶
私たちは8名の日本人旅行者のグループで、このツアーに興味があります。まず一人当たりおいくらでしょうか？　また、歌い手や舞踊手は事前に教えていただけるのでしょうか？　遅くとも何日前までに予約をしないといけませんか？　**夕食のメニューは何ですか？**❸　最後に、ショーが終わった後、ホテルまでの送迎バスはありますか？
その他、フラメンコショー以外にも市内観光ツアーの企画もあるか教えていただけると幸いです。**質問ばかりで申し訳ありません。**❹
お手数をお掛けしますが、どうぞよろしくお願いいたします。
アオキ・カナコ

Variaciones » バリエーション

❶「そちらのホームページで、…と知りました」

A través de su página web he podido saber que...

Gracias a su página web he sabido que...
そちらのホームページで…を知りました。

En su página web mencionan que...
ホームページに…と記載がありました。

❷「(貴店で) フラメンコツアーを企画されている」

Organizan visitas guiadas a tablaos flamencos.

Tienen ofertas en los viajes al Salar de Uyuni, en Bolivia.
ボリビアのウユニ塩湖行きの格安ツアーがある

Ofrecen excursiones a Machu Picchu.
マチュピチュ行きのツアーを扱っている

❸「夕食のメニューは何ですか？」

¿En qué consistiría la cena?

¿Cuál es el menú que hay preparado?
どのようなメニューをご用意いただけるのですか？

¿Me puede decir qué platos componen la cena?
夕食の内容を教えていただけますか？

❹「質問ばかりで申し訳ありません」

Disculpen tantas preguntas.

Perdonen que les haga tantas preguntas.
たくさん質問してしまってすみません。

Siento mucho que casi todo sean preguntas.
ほとんど質問ばかりで申し訳ありません。

¿Sabías que...? ▶▶▶ ポイント

● ツアー問い合わせの表現

¿Hasta qué edad es el precio para niños?
(何歳までが子供料金ですか？)

¿Qué sucede en caso de cancelación de la excursión por huracán o nevada?
(ハリケーンや雪でツアーが中止となった場合はどうなりますか？)

¿Hay menú para vegetarianos?
(ベジタリアン向けの料理はありますか？)

46 「ツアーをキャンセルします」
申し込みの変更や取り消し
予約したツアーのキャンセルを伝えます。

Asunto: Visita a la Bodega Ramírez (1284689)

Estimados señores:

La semana pasada reservé a través de su página web❶ una visita guiada a la Bodega Ramírez para el día 15 de febrero (nº de reserva: 1284689), pero, **lamentablemente, por motivos personales me veo obligada a cancelarla.❷** Disculpen las molestias.
No obstante, en el mes de marzo me gustaría realizar❸ con unos amigos una visita a dos bodegas de la denominación de origen Toro el mismo día. **¿Sería eso posible?❹** En caso afirmativo, ¿tengo que pagar algún gasto de cancelación por la reserva de febrero? ¿Se puede traspasar el pago realizado el mes de febrero a la reserva de marzo mencionada? Les agradecería que me proporcionaran información al respecto.
A la espera de su respuesta, les envía un cordial saludo,

Chiaki Araya

件名：ワイナリー「ラミレス」の見学ツアー（1284689）
ご担当者様
先週、貴店のホームページで、2月15日開催のワイナリー「ラミレス」ガイド付きツアーを予約しました❶（予約番号：1284689）。しかし、残念ながら、個人的な理由でやむを得ず予約をキャンセルいたします。❷　ご迷惑をお掛けして申し訳ありません。
でもその代わり、3月にD.O.（原産地呼称）「トロ」の2つのワイナリーを1日で巡るツアーに友人数名と一緒に参加したいと思っています。❸　それは可能ですか？❹　その場合、2月に予約したツアーのキャンセル料は発生しますか？　2月にお支払いした分を3月のツアーに充てることはできますか？　この件について教えていただけると助かります。
お返事をお待ちしておりますので、よろしくお願いします。
アラヤ・チアキ

Variaciones 》 バリエーション

❶「先週、貴店のホームページで、…を予約しました」
La semana pasada reservé a través de su página web ...
Hace un mes realicé una reserva en su hotel para los días 15 y 16 de abril.
1カ月前にそちらのホテルで4月15日および16日の予約をしました。

El día 23 de este mes hice una reserva para cuatro personas para la excursión a La Alhambra que organiza su agencia de viajes.
今月23日、そちらの旅行代理店でアルハンブラ宮殿行きツアーに4名で予約しました。

❷「残念ながら、個人的な理由でやむを得ず予約をキャンセルいたします」
Lamentablemente, por motivos personales me veo obligada a cancelarla.
Sintiéndolo mucho, mi viaje se ha cancelado y desearía anular la reserva.
大変申し訳ないのですが、旅行が中止になったため予約の取り消しをお願いします。

Les escribo porque, si es posible, me gustaría cambiar las fechas de mi reserva.
できましたら、予約した日にちを変更していただきたくご連絡差し上げております。

❸「でもその代わり、3月に…したいと思っています」
No obstante, en el mes de marzo me gustaría realizar...
Aun así, estoy organizando una excursión con varios amigos y nos gustaría ir al Camino de Santiago.
それとは別に、友人数人と小旅行を計画中で、サンティアゴ巡礼に行きたいと思っています。

Espero poder utilizar sus servicios en futuras ocasiones.
また別の機会に貴社を利用させていただきたいと思います。

❹「それは可能ですか？」
¿Sería eso posible?
¿Habría algún problema?
何か問題がありますか？

¿Ofrecen también este tipo de excursión?
このようなツアーも扱っていらっしゃいますか？

¿Sabías que...? ▶▶▶ ポイント

● Verse obligado/a a＋不定詞 「…することを余儀なくされる」
Sintiéndolo mucho, nos vemos obligados a cancelar su contrato.
（大変申し訳ないのですが、やむを得ずあなたとの契約を取り消すことになりました）
Si no se soluciona el problema, me veré obligado a poner el caso en manos de un abogado.
（もし問題が解決しなければ、弁護士の手に委ねざるを得ないでしょう）

47 「航空券の手配をお願いします」
航空券の予約

旅行会社に自分の希望を伝えます。

Asunto: Billete de avión

Estimados señores:

Me pongo en contacto con su agencia porque me gustaría reservar un billete de avión ❶ desde Ciudad de Guatemala con destino a Tokio para el próximo mes. Todavía no he decidido las fechas exactas, pero la ida sería entre el día 5 y el 7 de junio y la vuelta, entre el 23 y el 25 del mismo mes. **¿Podrían informarme de qué vuelos hay disponibles para esas fechas?** ❷

Me imagino que habrá que realizar un transbordo porque no hay vuelos directos, pero, a ser posible, querría no tener que esperar más de cuatro horas. **Llevaré una sola maleta de menos de 20 kilos y un bolso de mano** ❸, así que con el equipaje no creo que haya problemas. En cuanto al asiento, prefiero ventana. Por último, **¿qué formas de pago ofrecen?** ❹ Si es posible, me gustaría pagar mediante transferencia bancaria.

Muchas gracias por su ayuda. Espero su respuesta.

Atentamente,

Anna Kaneshiro

件名：航空券

ご担当者様

来月のグアテマラシティー発東京行きの**航空券を予約したいので、貴代理店にご連絡しております。**❶　まだ日付ははっきり決めていませんが、行きは6月5日から7日の間で、帰りは同月の23日から25日にしようかと考えています。**この日付でどの便が空いているか教えていただけますか？**❷

直行便がないため、乗り換えが必要になるだろうと思っていますが、もし可能でしたら、待ち時間が4時間を超えない便をお願いいたします。**20kg以下のスーツケースを1個と手荷物を1個だけ持っていきます**❸ので、荷物に関しては問題ないと思います。座席については、窓側を希望します。最後に、**どのような支払方法がありますか？**❹　できましたら、銀行振込でお支払いしたいと思っています。

ご対応のほどよろしくお願いいたします。ご返信をお待ちしております。

敬具　　カネシロ・アンナ

Variaciones » バリエーション

❶「航空券を予約したいので、貴代理店にご連絡しております」

Me pongo en contacto con su agencia porque me gustaría reservar un billete de avión.

Querría cambiar la fecha de ida del vuelo a Bogotá que reservé la semana pasada.
先週予約したボゴタ行きの便の往路の日付を変更させていただきたいのですが。

Desearía anular la reserva del vuelo a Caracas que realicé hace unos días.
先日予約したカラカス行きの便をキャンセルしたいのですが。

❷「この日付でどの便が空いているか教えていただけますか?」

¿Podrían informarme de qué vuelos hay disponibles para esas fechas?

Les agradecería que me buscaran el vuelo más económico.
一番安いフライトを手配していただきたいのですが。

¿Les importaría enviarme información sobre los vuelos disponibles, si es posible, con compañías europeas?
できればヨーロッパ系の航空会社で、空いている便をお知らせいただけないでしょうか?

❸「20kg 以下のスーツケースを1個と手荷物を1個だけ持っていきます」

Llevaré una sola maleta de menos de 20 kilos y un bolso de mano.

Llevaré dos maletas grandes. ¿Necesito pagar alguna cantidad extra?
大きなスーツケースを2個持っていきます。超過料金を払う必要がありますか?

Voy a llevar una tabla de surf. ¿Qué debo hacer para facturarla?
サーフボードを持っていきます。チェックインで何をすればいいですか?

❹「どのような支払方法がありますか?」

¿Qué formas de pago ofrecen?

¿Cómo puedo efectuar el pago?
お支払いはどうすればいいですか?

¿De qué forma puedo recibir la confirmación de la reserva del billete?
チケットの予約確認証はどうしたら受け取れますか?

¿Sabías que...? ▶▶▶ ポイント

● フライトに関する単語

billete electrónico	eチケット	asiento	座席
vuelo directo	直行便	pasillo / ventana	通路(側)・窓(側)
transbordo	乗り換え	control de equipaje	手荷物検査
destino final	最終目的地	salidas / llegadas	出発・到着
tarjeta de embarque	搭乗券	puerta de embarque	搭乗口

48 「サッカーの観戦チケットをください」
サッカーチケットの予約

座席や料金を問い合わせます。

Asunto: Entradas para partido de fútbol

Estimados señores:

Les escribo porque me gustaría reservar tres localidades para el partido❶ que se disputará el próximo sábado 25 de enero entre el Real Madrid y el C.F. Valencia en el estadio de Mestalla. **¿Serían tan amables de decirme los precios que tienen❷** las entradas de la zona gol norte? A ser posible, **me gustaría que costaran como máximo 200 euros❸** por persona y que fuera un lugar que tuviera buena visibilidad.
Por cierto, **¿está permitido llevar comida y bebida de fuera❹** o existe algún tipo de restricción?
Muchas gracias de antemano.
Atentamente,

Takahiro Mizuno

件名：サッカーの観戦チケット
ご担当者様
今度の1月25日土曜日にメスタージャ・スタジアムで行われるレアル・マドリード対バレンシアCF戦のチケットを3枚予約したいのでメールを差し上げています。❶　お手数ですが、ゴール裏北ゾーンの金額を教えてもらえますか？❷　もし可能なら、一人当たり200ユーロ以下で視界の良い場所をお願いできればと思います。❸
ところで、**場外から飲食物の持ち込みはできますか？**❹　それとも、何か規制がありますか？
よろしくお願いいたします。
敬具
ミズノ・タカヒロ

3 オフィシャルメール

Variaciones » バリエーション

❶「(…戦のチケットを) 3枚予約したいのでメールを差し上げています」

Les escribo porque me gustaría reservar tres localidades para el partido...

Me pongo en contacto con su agencia para reservar tres entradas para el partido...
…の観戦チケット3枚の予約をお願いしたく、貴店にご連絡しております。

Querría reservar tres asientos para el partido entre... y...
…対…戦の試合の座席を3席分予約したいのですが。

❷「お手数ですが、…の金額を教えてもらえますか?」

¿Serían tan amables de decirme los precios que tienen...?

¿Qué precio tienen las entradas de tribuna?
メインスタンドの入場料はいくらか教えていただけますか?

¿Cuánto cuestan las entradas para la final del Mundial?
ワールドカップの決勝戦のチケットはおいくらですか?

❸「200ユーロ以下でお願いできればと思います」

Me gustaría que costaran como máximo 200 euros.

Si fuera posible, de menos de 200 euros.
もし可能でしたら、200ユーロ未満のものをお願いします。

Nuestro presupuesto máximo es de 200 euros, de modo que, por debajo de dicha cantidad, por favor.
私たちの予算は最大200ユーロなので、これ以下の金額でお願いします。

❹「場外から飲食物の持ち込みはできますか?」

¿Está permitido llevar comida y bebida de fuera?

¿Se puede llevar comida y bebida del exterior?
外から飲食物を持ち込むことはできますか?

¿Qué tipo de objetos no se pueden introducir en el estadio?
スタジアムに持ち込めないものはありますか?

¿Sabías que...? ▶▶▶ ポイント

● サッカーに関する単語

taquilla	チケット売り場	asiento/localidad	座席
estadio	スタジアム	tribuna	メインスタンド
campo	ピッチ	gol/fondo norte	ゴール裏北
fila	列	gol/fondo sur	ゴール裏南
puerta	ゲート/ゴール	general	一般席

49 「お部屋は空いていますか？」
ホテルへの問い合わせ・予約

空室状況を確認します。

Asunto: Reserva de habitación

Estimados señores:

Por motivos de trabajo voy a viajar a Cádiz el próximo mes y **me gustaría reservar una habitación en su hotel para** ❶ los días 6 y 7 de noviembre (dos noches, con entrada el día 6 y salida el día 8). **¿Tienen habitaciones disponibles para tales fechas?** ❷ ¿A qué precio?
He estado mirando su página web y **me interesaría alojarme en una habitación individual con vistas al mar** ❸, desayuno incluido y, a ser posible, para no fumadores. Por otro lado, **querría saber si hay servicio gratuito de conexión WiFi a Internet.** ❹
La reserva sería a nombre de Mieko Nakata. ¿Podrían confirmarme si hay habitaciones libres o no cuanto antes? Muchas gracias de antemano.
Atentamente,

Mieko Nakata

件名：お部屋の予約
ご担当者様
来月仕事でカディスに行くことになり貴ホテルにて11月6日および7日(2泊で、6日にチェックイン、8日にチェックアウト)の部屋を予約したいと思います。❶　上記の日程で空いているお部屋はありますか？❷　料金はおいくらですか？
貴ホテルのホームページを拝見し、オーシャンビューで朝食付き、できれば禁煙のシングルルームに宿泊したいと思っています。❸　また、Wi-Fiで無料のインターネット接続が利用できるか教えてください。❹
予約はナカタ・ミエコの名前でお願いします。空いているお部屋があるかどうか、なるべく早くご連絡をいただけますか？　よろしくお願いいたします。
敬具
ナカタ・ミエコ

Variaciones » バリエーション

❶「貴ホテルにて…日の部屋を予約したいと思います」
Me gustaría reservar una habitación en su hotel para...
Quería realizar una reserva de una habitación en su hotel para 4 personas (2 adultos y 2 niños) para el día 8 de febrero.
2月8日に4名（大人2名、子供2名）で1部屋1泊を予約したいのですが。

Desearía alojarme en su hotel 3 noches desde el día 7 hasta el día 10 de agosto.
8月7日〜10日まで3泊したいのですが。

❷「上記の日程で空いているお部屋はありますか？」
¿Tienen habitaciones disponibles para tales fechas?
¿Hay disponibilidad de habitaciones para esas fechas?
この日程でお部屋の空きはありますか？

¿Hay habitaciones libres durante el periodo mencionado?
この期間中、空いているお部屋はありますか？

❸「オーシャンビューのシングルルームに宿泊したいと思っています」
Me interesaría alojarme en una habitación individual con vistas al mar.
Querría una habitación con dos camas y que dé a la montaña, con desayuno incluido.
マウンテンビューで朝食付きのツインルームをお願いしたいのですが。

Me gustaría una habitación doble con cama de matrimonio, sin desayuno.
ダブルベッドで朝食なしの部屋を希望しています。

❹「Wi-Fiで無料のインターネット接続が利用できるか教えてください」
Querría saber si hay servicio gratuito de conexión WiFi a Internet.
¿El hotel dispone de conexión WiFi gratuita?
そちらのホテルではWi-Fiに無料で接続できますか？

¿El hotel tiene ordenadores a disposición de los clientes?
宿泊客が使用できるパソコンはありますか？

¿Sabías que...? ▶▶▶ ポイント

● スペインのホテルの部屋のタイプ
  habitación individual　（シングルルーム）
  habitación doble con cama de matrimonio　（ダブルルーム）
  habitación con dos camas　（ツインルーム）
  habitación doble de uso individual（ツインルーム、1名で使用）

50 「マンションを借りたいのですが」
物件の問い合わせ

不動産屋に希望の条件を伝えます。

Asunto: Busco piso

Estimados señores:

A partir del próximo mes de septiembre voy a realizar una estancia de estudios de un año en Barcelona y **me interesaría alquilar un piso pequeño cerca del centro❶**, en una zona segura. De momento **estoy buscando algo por la zona de Diagonal, que sea luminoso❷**, tenga ascensor y, si es posible, esté a menos de 10 minutos de la estación más cercana. En cuanto al presupuesto, estaba pensando entre 600 y 800 euros al mes. **¿Podrían enviarme fotos y planos de distribución de los pisos que entren dentro de estas características?❸**
Por otro lado, **les agradecería que me explicaran también el proceso ❹** que se sigue normalmente hasta la firma del contrato, así como las condiciones de pago, entrega de llaves, etc.
Muchas gracias de antemano por su ayuda.
Atentamente,

Mami Gotoda

件名：マンションを探しています
ご担当者様
私は今度の9月から1年間バルセロナに留学を予定しており、**中心街で安全な地区にある一人用のマンションを借りたいと思っています。❶** 今のところ、ディアゴナル地区で、日当たりが良く、エレベーターがあり、できれば最寄り駅から10分未満の所を探しています。❷ 予算は月600から800ユーロを考えています。**この条件に見合うマンションの写真と間取り図を送っていただけないでしょうか？❸**
また、契約までの一般的な**手続き**、支払条件、鍵の受け取りについてもご説明いただけると助かります。❹ お手数ですがどうぞよろしくお願いいたします。
敬具
ゴトウダ・マミ

Variaciones　»　バリエーション

❶「中心街にある一人用のマンションを借りたいと思っています」
Me interesaría alquilar un piso pequeño cerca del centro.
Me gustaría alquilar una habitación en un piso compartido.
マンションでのルームシェアを希望しているのですが。

Estoy buscando un apartamento para alquilar cerca de la playa.
ビーチに近いアパートを探しています。

❷「ディアゴナル地区で、日当たりが良い所を探しています」
Estoy buscando algo por la zona de Diagonal que sea luminoso.
Necesito una habitación grande, que sea exterior y no dé a una calle muy ruidosa.
広くてあまり騒がしくない通りに面した部屋を希望します。

Busco un piso de tres habitaciones, salón, cocina y baño.
3部屋のほかリビング・キッチン・バスルーム付きのマンションを探し中です。

❸「この条件に見合うマンションの写真と間取り図を送っていただけないでしょうか？」
¿Podrían enviarme fotos y planos de distribución de los pisos que entren dentro de estas características?
¿Serían tan amables de mandarme el plano de distribución de los pisos que cumplan tales condiciones?
お手数ですが、この条件に合うマンションの間取り図をお送りいただけますか？

Si es posible, me gustaría ver fotos de las viviendas que me recomienden.
できましたら、そちらでお薦めの住居の写真を拝見したいのですが。

❹「(…の) 手続きについてもご説明いただけると助かります」
Les agradecería que me explicaran también el proceso...
¿Qué documentos son necesarios para formalizar el contrato?
契約にはどのような書類が必要ですか？

¿Es necesario pagar una fianza junto con el primer mes de alquiler?
1カ月目の家賃と一緒に保証金も支払う必要がありますか？

¿Sabías que...?　▶▶▶　ポイント

● 特定されない「非現実」
先行詞が不定のものであるとき、先行詞を修飾する形容詞節には接続法が用いられます。
本文のマミさんが探している「日当たりが良く、エレベーターがあり、最寄り駅から10分未満の所」のマンションは、特定されない「非現実」と捉えられ、que <u>sea</u> luminoso, <u>tenga</u> ascensor y, si es posible, <u>esté</u> a menos de 10 minutos de la estación más cercana. と接続法が用いられています。

51 「見積もりをお願いします」
見積もりをとる

食品輸入会社がアルゼンチンのワイン醸造業者に見積もりを依頼します。

Asunto: Presupuesto

Estimada Sra. Doñate:

Ante todo, muchas gracias por habernos recibido en su stand ❶ durante la pasada Feria del Vino de Buenos Aires. **La calidad de sus productos nos pareció extraordinaria y estamos interesados en varios de ellos. ❷ Desearíamos, pues, que nos hicieran un presupuesto para ❸** los siguientes productos:

- Finca Lucía joven tinto: 300 botellas
- Finca Lucía crianza: 150 botellas

¿En cuánto tiempo piensan que podrían servirlo? ❹
Les agradecería que especificaran en la factura los costes de embalaje, envío por avión y el seguro, así como cualquier gasto eventual que pudiera surgir.
Esperamos su respuesta.
Atentamente,

Toshiko Horiai

件名：見積もり
ドニャテ様
この度はブエノスアイレス・ワインフェアにて貴社ブースでご対応くださり誠にありがとうございました。❶　貴社商品のクオリティーが非常に素晴らしく、いくつかのワインに関心を寄せている次第です。❷　そこで、以下の商品の見積もりをお願いしたいと思います。❸
「フィンカ・ルシーア　ホベン　ティント」：300本
「フィンカ・ルシーア　クリアンサ」：150本
納品にはどれくらいのお日にちがかかりますか？❹
梱包料、航空便での送料、保険料、その他の諸費用を明記してくださるようお願いします。
ご返信お待ちしております。
敬具
ホリアイ・トシコ

Variaciones　»　バリエーション

❶「この度は貴社ブースでご対応くださり誠にありがとうございました」

Ante todo, muchas gracias por habernos recibido en su stand.

En primer lugar, gracias por visitar nuestra oficina en Tokio y presentarnos sus productos.
まず初めに、弊社の東京事務所にお越しいただき、商品のご紹介をありがとうございました。

Tal y como acordamos durante mi visita a su bodega, …
貴ボデガにお伺いした際のお打ち合わせ通り…。

❷「貴社商品のクオリティーが非常に素晴らしく、いくつかのワインに関心を寄せている次第です」

La calidad de sus productos nos pareció extraordinaria y estamos interesados en varios de ellos.

Sus productos han obtenido varios premios de reconocimiento internacional.
貴商品は国際的に定評のある数々の賞を受賞されていますね。

El diseño de sus productos encaja con la filosofía de nuestra empresa.
貴商品のデザインは弊社のコンセプトに合っています。

❸「そこで、…の見積もりをお願いしたいと思います」

Desearíamos, pues, que nos hicieran un presupuesto para...

¿Podrían pasarnos el presupuesto para los productos abajo mencionados?
以下の商品の見積もりをいただけますか？

Envíennos un presupuesto para las 30 cajas de Cola Cao, por favor?
コラカオ 30 ケースの見積もりを送っていただけますか？

❹「納品にはどれくらいのお日にちがかかりますか？」

¿En cuánto tiempo piensan que podrían servirlo?

¿Pueden hacernos algún tipo de oferta o descuento?
特別価格か割引価格にしていただけますか？

¿Qué transportista utilizan normalmente?
通常、どちらの輸送業者を利用されていますか？

¿Sabías que...?　▶▶▶　ポイント

● 依頼の表現

¿Podría enviarme muestras de tela de cortina y la lista de precios, por favor?
（カーテン生地のサンプルと価格表を送っていただけますか？）

¿Sería tan amable de enviarme el catálogo de los productos de cosmética?
（化粧品のカタログを送ってもらえないでしょうか？）

52 「注文します」
商品を注文する

51 で見積もりをお願いした日本の会社が発注します。

Asunto: Pedido

Estimada Sra. Doñate:

Muchas gracias por enviarnos el presupuesto con tanta rapidez. Hemos estudiado detenidamente la oferta y **hemos decidido realizar el siguiente pedido:** ❶

Nombre de producto	Cantidad	Precio (unidad)
Finca Lucía joven tinto:	300 botellas	3 euros
Finca Lucía crianza:	150 botellas	4 euros
Artemayor 2005 :	100 botellas	7 euros

Como pueden ver, hemos añadido un producto más al pedido final, ya que a nuestro director, personalmente, le encantó el Artemayor 2005. Así pues, les rogamos preparen una nueva factura con todo incluido. **¿Podrían servirlo todo antes del próximo 8 de septiembre?** ❷ Por último, **¿cuáles serían las condiciones de pago?** ❸
Esperamos que esto sea el principio de una larga y fructífera relación comercial. ❹
Cordialmente,

Toshiko Horiai

件名：注文します
ドニャテ様
早速お見積もりを送付していただきありがとうございます。特別価格を慎重に検討した結果、**以下の通り注文をさせていただきます**。❶

商品名	数量	単価（1本）
「フィンカ・ルシーア　ホベン　ティント」	：300本	3ユーロ
「フィンカ・ルシーア　クリアンサ」	：150本	4ユーロ
「アルテマジョール2005」	：100本	7ユーロ

ご覧のとおり、弊社の社長が「アルテマジョール2005」を非常に気に入ったため、注文の最後に商品を1点追加しました。そのため、すべて含めた請求書を新たに発行願います。**すべて9月8日までに納品していただけますか？** ❷　最後に、**お支払いの条件をお知らせ願えますか？** ❸
今後とも末永くよろしくお願い申し上げます。 ❹
敬具　ホリアイ・トシコ

Variaciones » バリエーション

❶「以下の通り注文をさせていただきます」

Hemos decidido realizar el siguiente pedido:
Nos gustaría formalizar el pedido que detallamos a continuación:
下記の通り注文をさせていただきたく存じます。

Desearíamos adquirir los siguientes productos:
以下の商品を購入したいと考えています。

❷「すべて9月8日までに納品していただけますか?」

¿Podrían servirlo todo antes del próximo 8 de septiembre?
¿Nos pueden mandar material promocional de los productos?
商品宣伝用の資料を弊社にお送りいただけますか?

Por favor, coloquen los productos en las cajas con cuidado.
商品をケースに入れる際、丁寧にお願いいたします。

❸「お支払いの条件をお知らせ願えますか?」

¿Cuáles serían las condiciones de pago?
¿Podrían indicarnos si aceptan cheques o pagarés como modo de pago?
支払い方法として小切手または(銀行)手形を使用できますか?

¿El pago se debe realizar por adelantado o al recibir la mercancía?
前払いまたは代金引換でお支払いする必要がありますか?

❹「今後とも末永くよろしくお願い申し上げます」

Esperamos que esto sea el principio de una larga y fructífera relación comercial.
Ojalá este sea el primero de muchos pedidos.
今後ともご注文をお待ちしております。

Esperamos poder contar con sus productos a partir de este momento.
弊社では今後とも貴社商品を利用させていただければと思っております。

¿Sabías que...? ▶▶▶ ポイント

●注文に関する単語

mercancía	商品	lista de precios	価格表
factura	請求書/インボイス	confirmación de pedido	受注確認書
recibo	領収書	embalaje	梱包
importe	代金	pago contra entrega	代金引換
almacén	倉庫	pago anticipado	前払い

53 「お支払いのお願い」
代金支払いの催促

商品の購入者に入金の確認が取れていないことをお知らせします。

Asunto: Reclamación de pago

Estimado Sr. Rodríguez:

Mediante el presente correo le informamos de que, a fecha de hoy, 30 de octubre, **no tenemos constancia del pago** ❶ de 4.200 euros, correspondiente al pedido con número de referencia 8456279-XT, que **debería haber hecho efectivo antes del día 15 de este mismo mes.** ❷ **Adjunto remitimos copia de la factura de dicho pedido.** ❸
Asimismo, le recordamos que el artículo que nos solicitó (30 jamones ibéricos de bellota "San Fermín") ya ha salido de nuestros almacenes. Desde aquí **esperamos que se trate de un error y que trate de subsanarlo** ❹ en el menor tiempo posible. Si lo necesita, puede ponerse contacto con nosotros a través de esta misma dirección de email.
Atentamente,

Alejandra Vilar

件名：お支払いに関して
ロドリゲス様
本日10月30日現在、注文番号8456279-XTに関して4,200ユーロの**入金の確認ができていない**❶ため、メールにてご連絡差し上げております。**お支払い期限は、今月15日でした。**❷　今回**発注分の請求書のコピーを添付します**❸のでご確認ください。
なお、ご注文頂いた商品のハモンイベリコ・デ・ベジョータ「サンフェルミン」30個は、すでに弊社の倉庫より発送済みです。
おそらく何かの行き違いかと存じますが、早急にご対応くださいますようお願い申し上げます。
❹　本件に関するお問い合わせは当メールアドレスまでご連絡ください。
どうぞよろしくお願いいたします。
敬具
アレハンドラ・ビラル

Variaciones » バリエーション

❶「入金の確認ができておりません」

No tenemos constancia del pago.

El ingreso no se ha realizado.
まだ入金されていません。

Todavía no hemos recibido el importe.
まだ代金をいただいておりません。

❷「お支払い期限は、今月15日でした」

Debería haber hecho efectivo antes del día 15 de este mismo mes.

Tendría que habernos transferido el importe ya hace dos meses.
2カ月前に代金を振り込んでいただく予定でした。

Se comprometió a realizar el pago el día 15 del presente mes.
今月15日にお支払いいただくお約束でした。

❸「今回発注分の請求書のコピーを添付します」

Adjunto remitimos copia de la factura de dicho pedido.

Le enviamos la factura como nos pidió en el correo anterior.
前回のメールで発注した分の請求書をお送りします。

En el documento adjunto puede ver la factura pendiente.
添付の書類で未払い分の請求書がご確認いただけます。

❹「おそらく何かの行き違いかと存じますが、ご対応くださいますようお願い申し上げます」

Esperamos que se trate de un error y que trate de subsanarlo.

Rogamos efectúe el pago a la mayor brevedad posible.
できるだけお早目にお支払い願います。

Le invitamos a que solucione problema cuanto antes.
早急にこの問題を解決していただきますようお願い申し上げます。

¿Sabías que...? ▶▶▶ ポイント

●支払いを催促する表現

Lamentamos comunicarle que hemos procedido a aplicarle intereses al importe aún no abonado.
(恐れ入りますが、未払いの代金に利息を加算させていただきました)

En caso de no abonar el pago antes del día …, pondremos el asunto en manos de un abogado.
(…日までにお支払いただけないようでしたら、この件を弁護士に依頼します)

54 「教科書のCDが壊れていました」商品の交換・返品の依頼

購入した商品が壊れていたので、交換を依頼します。

Asunto: CD roto (número GD48906)

Estimados señores:

Me pongo en contacto con ustedes con relación al pedido ❶ número GD48906, efectuado el pasado día 21 de noviembre. Se trata del libro de texto de español "Hablemos III: libro del estudiante + CD". Lamentablemente, **al abrir el paquete observé que el CD estaba partido por la mitad ❷**, por lo que es imposible utilizarlo. **Desconozco si ya estaba así desde el principio ❸** o si, por el contrario, ha habido algún percance con el transporte. Les adjunto las fotos del estado en que llegó el paquete.
De todas maneras, **¿me podrían indicar qué debo hacer para que me lo cambien? ❹** Necesito usarlo urgentemente, por lo que les agradecería que me solucionaran el problema lo antes posible.
A la espera de sus noticias, les saluda atentamente,

Kiyoko Onishi

件名：CDが壊れていました（注文番号GD48906）
ご担当者様
去る11月21日に購入しました**注文番号GD48906に関してご連絡いたします。❶** 『Hablemos III: libro del estudiante + CD』というスペイン語教科書の件です。残念ながら、**小包を開けるとCDが半分に割れていて❷**、使用できない状態でした。**初めからそうだったのか**、あるいは、配送中に何か起きたのかは**不明です。❸** 小包が届いた時の写真を添付します。
いずれにしても、**どうしたら交換できるか教えていただけますか？❹** すぐに使う必要があるため、なるべく早くこのトラブルをご解決いただけると助かります。
ご連絡お待ちしておりますので、どうぞよろしくお願いいたします。
オオニシ・キヨコ

Variaciones　»　バリエーション

❶「…の注文に関してご連絡いたします」

Me pongo en contacto con ustedes con relación al pedido...
El pasado día 21 realicé una compra a través de su página web.
この前の 21 日、そちらのウェブサイトから購入しました。

Les escribo para presentar una reclamación sobre el pedido...
…の注文に関して苦情を申し上げたく、メールいたします。

❷「小包を開けると CD が半分に割れていました」

Al abrir el paquete observé que el CD estaba partido por la mitad.
La camiseta que pedí era de color rojo, pero me ha llegado en blanco.
注文したシャツは赤でしたが、白が届きました。

Compré la talla M del bañador Q-sport, pero he recibido la S.
Q-sport の水着 M サイズを購入しましたが、S が送られてきました。

❸「初めからそうだったのかは不明です」

Desconozco si ya estaba así desde el principio.
No sé si el producto venía ya defectuoso de la editorial o no fue tratado debidamente durante el transporte.
出版社ですでに商品に欠陥があったのか、配送中に不手際があったのかは分かりません。

Es posible que ya estuviera roto desde un principio, o bien que haya habido algún descuido en el servicio de mensajería.
最初から壊れていたか、あるいは宅配中に何らかの過失があった可能性があります。

❹「どうしたら交換できるか教えていただけますか？」

¿Me podrían indicar qué debo hacer para que me lo cambien?
Les agradecería que me lo cambiaran por el producto que había solicitado en un principio.
元々希望していた商品と交換していただければ幸いです。

¿Es posible realizar una devolución del producto?
商品を返品できますか？

¿Sabías que...? ▶▶▶ ポイント

●商品を返品・交換するときの表現
　En caso de gasto adicional para mí, prefiero cancelar el pedido y solicitar la devolución del dinero.
　（追加料金が発生するのであれば、注文をキャンセルして返金してほしいです）
　El producto venía mal empaquetado, con rasguños en el plástico y golpes en la caja.
　（商品がちゃんと梱包されていない状態で届き、ビニールは破れ、箱がつぶれていました）

55 「お詫び申し上げます」
商品へのクレームに謝罪する

✉ 54 のクレームに対応します。

Asunto: Re: CD roto (número GD48906)

Estimada Sra. Onishi:

Le escribimos en respuesta a su reclamación sobre el pedido❶ con referencia GD48906, en la que nos indica que el CD que acompañaba al libro de texto "Hablemos III" le llegó roto.
Obviamente, el error ha sido nuestro❷, por lo que le aseguramos que **trataremos de averiguar en qué momento del envío se produjo❸** y así evitar estos problemas en un futuro. **En nombre de toda la empresa, lamentamos las molestias ocasionadas.❹**
Ya hemos procedido a enviarle un CD nuevo por mensajería urgente y libre de costes por su parte, que le debería llegar mañana por la mañana.
Esperamos que esta vez esté todo en orden y que vuelva a depositar su confianza en nosotros en futuros pedidos.
Atentamente,

Maribel Verchili

件名：Re：CDが壊れていました（注文番号GD48906）
オオニシ様
注文番号GD48906のスペイン語教科書"Hablemos III"付属CDの破損をご指摘いただいたクレームについてご返信いたします。❶　明らかに弊社の不手際です❷ので、配送のどの時点で発生したか調査し❸、今後このような問題が起きぬよう再発防止に努めます。弊社を代表し、ご迷惑をお掛けしたことをお詫び申し上げます。❹
すでにお客様あてに速達かつ送料無料の宅配便にて新しいCDの発送手続きを行いました。明日の午前中にはお届けできる予定です。
二度とこのようなことがないよう信頼回復に努めますので、今後ともご利用のほどよろしくお願いいたします。
敬具
マリベル・ベルチリ

> **Variaciones** » バリエーション

❶「…（のご注文における）クレームについてご返信いたします」
Le escribimos en respuesta a su reclamación sobre el pedido...
Según expone en su reclamación sobre el pedido G1234, el CD le llegó roto.
注文商品(G1234)に関するお客様のクレームでは、お届け時にCDが破損していたとのことですね。

En su último correo electrónico reclama que en el pedido número 1234, ...
注文商品（番号1234）についてお客様より頂いたメールによりますと…。

❷「明らかに弊社の不手際です」
Obviamente, el error ha sido nuestro.
Sin lugar a dudas, este error no se corresponde con nuestros estándares de calidad.
明らかに、この度の不備は弊社の品質基準を満たしておりません。

Nos hacemos completamente responsables del inconveniente mencionado.
ご指摘の不具合は、全面的に弊社の責任です。

❸「配送のどの時点で発生したか調査します」
Trataremos de averiguar en qué momento del envío se produjo.
Abriremos una investigación para esclarecer la causa del problema.
トラブルの原因究明に向け、調査を行います。

Vamos a incrementar los controles de calidad a partir de ahora.
今後は品質管理を徹底する所存です。

❹「弊社を代表し、ご迷惑をお掛けしたことをお詫び申し上げます」
En nombre de toda la empresa, lamentamos las molestias ocasionadas.
Como responsable de ventas, le ruego disculpe las molestias.
販売責任者として、ご迷惑をお掛けしたことをお詫びいたします。

Personalmente, le pido disculpas por el contratiempo que le hemos ocasionado.
お客様にご不便をお掛けしたことを個人的にお詫び申し上げます。

¿Sabías que...? ▶▶▶ ポイント

●クレーム対応の表現
　Le reembolsaremos el importe de la factura sin problemas.
　（請求額は問題なくお返しいたします）
　Sentimos decirle que el periodo de devolución era de un mes.
　（恐縮ですが、返品の受付期間は1カ月以内でした）

56 「商品が届いていません」 納品の確認

商品未着のため状況を問い合わせます。

Asunto: Pedido RG05769

Estimados señores:

El pasado día 2 de junio realicé un pedido (referencia RG05769) de un diccionario en su página web, pero **aún no he recibido el producto.** ❶ Según la información que aparece en el apartado "envío", **ustedes se comprometían a entregar el paquete en** ❷ una semana, independientemente del país de destino. Pues bien, han pasado ya dos semanas y sigo sin recibir nada.
¿Podrían confirmarme si el pedido se realizó correctamente? ❸ Y en caso afirmativo, ¿cuál ha sido el problema del retraso? **Espero que me puedan solucionar el problema** ❹ cuanto antes y me indiquen para cuándo está prevista la entrega, ya que el día de pago de mi tarjeta de crédito está cerca y no quisiera que me cobraran el producto sin haberlo recibido antes.
Atentamente,

Tsukasa Yahanda

件名：注文番号RG05769
ご担当者様
去る6月2日にそちらのホームページで辞書を注文（注文番号RG05769）したのですが、**未だに商品が届いていません。**❶ 「発送」の項に記載された情報では、発送先がどの国であるかにかかわらず**1週間以内に小包を届けると約束されています。**❷ ところが、もう2週間経っているのに何も届いていない状態です。
適切に注文がなされているかご確認いただけますか？❸ もしそうであれば、なぜ遅いのでしょうか？ **なるべく早く今回のトラブルを解決していただき、**いつまでに商品が到着するかを教えていただければと思います。❹ クレジットカードの決済日が近いので、商品を受け取る前にお支払いするのは避けたいと思っております。
敬具
ヤハンダ・ツカサ

3　オフィシャルメール

Variaciones　»　バリエーション

❶「未だに商品が届いていません」

Aún no he recibido el producto.

No me ha llegado nada.
何も手元に届いていません。

Sigo esperando que me llegue.
今も到着をお待ちしている状態です。

❷「…（日）以内に小包を届けると約束されています」

Ustedes se comprometían a entregar el paquete en...

Su empresa aseguraba que servirían el producto en una semana, sin importar el país de destino.
貴社ではあて先の国にかかわらず、1週間以内に商品を配達する旨、保証されています。

Su compañía era capaz de hacer llegar la mercancía en una semana y a cualquier parte del mundo.
貴社では世界のどの地域あてであれ、1週間以内に商品を届けることができるとのことでした。

❸「適切に注文がなされているかご確認いただけますか？」

¿Podrían confirmarme si el pedido se realizó correctamente?

¿Serían tan amables de comprobar si han recibido el pedido?
お手数ですが、注文の受け付けがされたかどうかご確認いただけますか？

¿Les importaría revisar si todo está en orden?
すべて順調かどうかご確認いただけないでしょうか？

❹「今回のトラブルを解決していただければと思います」

Espero que me puedan solucionar el problema.

Necesito el producto con urgencia, así que por favor envíenlo a la mayor brevedad posible.
その商品を至急必要としていますので、できる限り早くお送りください。

Si el producto no me llega en tres días, me veré obligada a cancelar la compra.
3日以内に商品が届かなければ、購入をキャンセルせざるを得ません。

¿Sabías que...?　▶▶▶　ポイント

● 支払いのクレーム表現
  Me han cobrado dos veces el importe del producto.
  （商品金額を二重に払わされました）
  El importe que se ha cobrado en la tarjeta de crédito y el precio del producto son diferentes.
  （クレジットカードで引き落とされた額と商品の金額が違っています）

57 「求人広告を見て連絡いたしました」 募集への問い合わせ・応募

履歴書を添付して応募します。

Asunto: Puesto de trabajo en la sección cultural de la Embajada de España

Estimado Sr. Pardo:

Me dirijo a usted en respuesta al anuncio publicado en ❶ su página web en el que ofrecen un puesto de trabajo en la sección cultural de la Embajada de España. **Como podrá comprobar en el currículum vítae adjunto ❷**, soy licenciada en Relaciones Internacionales por la Universidad de Heisei, especialidad en Estudios Latinoamericanos.
En este sentido, tras finalizar la carrera, realicé una estancia de estudios de un año en Guatemala con el objetivo de perfeccionar el español y, desde hace 5 años, trabajo en Japón para una empresa española del sector de la moda en el departamento de publicidad y *marketing*.
En cuanto a mi conocimiento de idiomas, hablo inglés a nivel intermedio (TOEIC 700) y español a nivel avanzado (B2).
Además, **tengo capacidad para recopilar y analizar información ❸**, lo cual creo que se adapta perfectamente a las características del puesto convocado.
Así pues, si es posible, me gustaría presentarle mi solicitud con más detalle en una entrevista el día que mejor le convenga.
En espera de sus noticias, atentamente, ❹

Noriyo Ueda

件名：スペイン大使館文化部の求人について

パルド様　貴サイトにて、スペイン大使館文化部の**求人情報を拝見し、ご連絡差し上げております**。❶　**添付の履歴書にありますように❷**、私は平成大学にてラテンアメリカ研究を専攻し、国際関係学部を卒業しました。卒業後は、スペイン語に磨きをかけるためグアテマラに1年間留学し、5年前より日本にあるスペイン系アパレル会社の広報・マーケティング部で働いております。
言語に関しては、英語は中級レベル（TOEIC700）、スペイン語は中上級レベル（B2）です。
さらに私は、**情報の収集や分析を得意としております❸**ので、現在募集されている職務に合っているのではないかと思っております。
そこでもし可能でしたら、ご都合の良い日に面接していただき、今回の応募について詳しくお伝えできれば幸いです。
ご連絡をお待ちしておりますので、よろしくお願いいたします。❹　ウエダ・ノリヨ

Variaciones » バリエーション

❶「…(媒体名)にて求人情報を拝見し、ご連絡差し上げております」
Me dirijo a usted en respuesta al anuncio publicado en…
Me pongo en contacto con usted para solicitar el puesto de trabajo de…
…の求人に応募させていただきたく、ご連絡いたします。

Le escribo en relación con el anuncio aparecido en el periódico xyz.
新聞xyzの求人広告を拝見し、メールしております。

❷「添付の履歴書にありますように…」
Como podrá comprobar en el currículum vítae adjunto,
Tal y como aparece en el currículum vítae que le adjunto,…
添付の履歴書に記載のある通り…。

Adjunto remito mi currículum vítae, donde podrá comprobar que poseo la licenciatura en Estudios Hispánicos.
添付の履歴書で、私が学士号(スペイン語学)を取得したことをご確認いただけます。

❸「私は、情報の収集や分析を得意としております」
Tengo capacidad para recopilar y analizar información.
Soy una trabajadora muy meticulosa, organizada y trabajo bien en equipo.
私は非常に綿密で手際よく仕事ができ、協調性にすぐれています。

Me considero una persona innovadora, observadora y con capacidad de análisis.
私は革新的で観察眼があり、分析力を持ち合わせています。

❹「ご連絡をお待ちしておりますので、よろしくお願いいたします」
En espera de sus noticias, atentamente,
Agradezco la atención prestada. Atentamente,
ご検討よろしくお願いいたします。敬具

Quedo a su disposición para facilitarles cualquier otra información. Cordialmente,
ほかに必要な情報がありましたらお知らせください。敬具

¿Sabías que…? ▶▶▶ ポイント

● 求人応募問い合わせの表現
Me gustaría saber si en estos momentos están buscando personal en su empresa o si hay intención de convocar algún puesto de trabajo.
(現在、貴社では社員を募集されているかどうか、そうでなければ募集のご予定があるかどうか知りたいのですが)

58 「面接にお越しください」求人応募者への返信

面接の日程を案内します。

Asunto: Re: Puesto de trabajo en la sección cultural de la Embajada de España

Estimada Sra. Ueda:

Gracias por enviarnos su candidatura para el puesto en ❶ la sección cultural que ofrece nuestra institución. El equipo de recursos humanos y yo hemos leído detenidamente su carta de presentación y el currículum vítae, y **nos ha parecido que su perfil podría encajar en** ❷ nuestro equipo de trabajadores.
Por ello, y si está de acuerdo, **nos gustaría que viniera a nuestra oficina para poder realizar una entrevista y hablar más tranquilamente.** ❸ En ella le explicaremos también el funcionamiento de nuestra embajada, las actividades que organizamos y el contenido de su trabajo.
Para la entrevista, había pensado en algún día de la próxima semana. **¿Qué le parece el miércoles día 3 o el jueves día 4 a las 17h?** ❹ Si no le va bien y prefiere otro día, háganoslo saber.
Sin más, reciba un cordial saludo,

Iñaki Pardo

件名：Re：スペイン大使館文化部の求人について
ウエダ様
当館で募集しております文化部の求人にご応募いただき、ありがとうございます。❶　人事部と私の方であなたの自己紹介書および履歴書を詳しく拝見し、私共の一員として受け入れるのに**十分な経歴をお持ちであると考えております。**❷
そこで、よろしければ、**面接でさらにじっくりお話したいので、事務所までお越しいただきたく存じます。**❸　面接では、大使館の機能、私共の活動・仕事内容についてもお伝えいたします。
面接は来週のいずれかの日にちで考えております。**3日（水曜）または4日（木曜）の17時ではいかがでしょうか？**❹　もしご都合がつかずほかの日程がよろしければ、その旨お知らせください。
以上、どうぞよろしくお願いいたします。
イニャキ・パルド

Variaciones » バリエーション

❶「…の求人にご応募いただき、ありがとうございます」

Gracias por enviarnos su candidatura para el puesto en...

Le agradecemos que nos haya enviado su solicitud para el puesto de traductor médico.
医療翻訳者の求人にご応募いただいてありがとうございます。

Le comunicamos que hemos recibido correctamente su solicitud.
ご応募を確かに受け付けましたのでご連絡します。

❷「…として受け入れるのに十分な経歴をお持ちであると考えております」

Nos ha parecido que su perfil podría encajar en...

Creemos que una persona como usted tiene muchas posibilidades en nuestra empresa.
あなたのような方は弊社で大いにご活躍いただけると思います。

Estamos muy interesados, por lo que nos gustaría conocerla mejor mediante una entrevista.
弊社では（あなたに）非常に関心があり、面接にて詳しくお話を伺いたいと存じます。

❸「面接でさらにじっくりお話したいので、事務所までお越しいただきたく存じます」

Nos gustaría que viniera a nuestra oficina para poder realizar una entrevista y hablar más tranquilamente.

Desearíamos invitarla a realizar una entrevista y así conocernos mejor.
面接にお越しいただき、互いに理解を深められたらと存じます。

Nos gustaría hablar más detalladamente mediante una entrevista.
面接を通じて、より詳しくお話しさせていただければと思います。

❹「3日（水曜）または4日（木曜）の17時ではいかがでしょうか？」

¿Qué le parece el miércoles día 3 o el jueves día 4 a las 17h?

¿Le va bien el día 12 a alguna hora entre las 15h y las 18h?
12日の15時〜18時の間でいかがでしょうか？

Podríamos reunirnos el próximo jueves o viernes por la tarde. ¿Qué día prefiere?
来週の木曜日か金曜日の午後にお会いできます。どちらがよろしいですか？

¿Sabías que...? ▶▶▶ ポイント

● 不採用の表現
Lamentablemente en estos momentos no estamos buscando personal nuevo, pero guardaremos su solicitud para futuras ocasiones.
（残念ながら、現在新規採用を見合わせておりますが、今後の募集に備え応募書類を保管しておきます）

59 「貴社にお伺いしたいのですが」
アポイントを取る

商談のアポイントを取るメールを送ります。

Asunto: Solicitud de entrevista

Estimados señores:

Nuestra empresa, Iwaki, S.A. **se dedica a**❶ la fabricación, investigación y exportación de paneles solares tanto para uso familiar como para uso industrial, y **en la actualidad estamos buscando**❷ un importador para nuestros productos en Chile. Con motivo de la próxima Feria de la Energía Solar que se celebrará los días 3, 4 y 5 de septiembre en Santiago, nuestro representante se va a trasladar a dicha ciudad para promocionar nuestros paneles y reunirse con importadores del sector.
Por ello, **nos gustaría concertar una entrevista con ustedes**❸ en la que desearíamos hablar de las posibilidades de colaboración futura. Para ello nuestro representante podría visitar su oficina durante los días posteriores a la feria.
En caso de estar interesados, **¿serían tan amables de comunicarnos qué fechas son de su conveniencia para así poder concertar la cita?**❹ Adjuntamos folleto de nuestros productos.
A la espera de sus noticias, reciban un cordial saludo,

Ryo Sato

件名：アポイントのお願い
ご担当者様
弊社は、家庭用および産業用太陽光パネルの製造・開発・輸出**を取り扱っております、**イワキ株式会社**と申します。**❶　**現在、チリにて弊社製品の輸入業者を探しています。**❷　来たる9月3、4、5日にサンティアゴにて開催される太陽エネルギー展のため、弊社の担当が同市に向い、パネルの販売促進及び同分野の輸入業者と面談を行う予定です。
そこで、**貴社の皆さまにもお会いして、将来的な共同事業の可能性についてお話できればと願っております。**❸　よろしければ、展示会終了後、弊社の担当が貴社にお伺いさせていただきます。もしご興味をお持ちいただけましたら、**お手数ですが、お伺いするのにご都合の良い日をお聞かせくださいますか？**❹　ご参考に弊社製品のパンフレットを添付します。
ご連絡をお待ちしておりますので、何卒よろしくお願い申し上げます。
サトウ・リョウ

3 オフィシャルメール

> **Variaciones** » バリエーション

❶「弊社は、…を取り扱っております、…と申します」

Nuestra empresa... se dedica a...

Somos una empresa dedicada a la exportación de pesticidas agrícolas.
弊社は農薬の輸出を取り扱っております。

Nuestra organización tiene como objetivo la protección de los bosques.
当団体は森林保護を目的としています。

❷「現在…を探しています」

En la actualidad estamos buscando...

Actualmente buscamos un representante para nuestros productos.
現在、弊社の製品を扱う代理店を探しています。

Estamos buscando una posible colaboración con una empresa colombiana.
コロンビア企業との共同事業の可能性を探っております。

❸「貴社の皆さまにもお会いできればと願っております」

Nos gustaría concertar una entrevista con ustedes.

Nos gustaría concertar una entrevista con su representante.
ご担当者様と面談のお約束をお願いできれば幸いです。

Estaríamos interesados en reunirnos con su empresa.
貴社との打ち合わせを希望しております。

❹「お手数ですが、お伺いするのにご都合の良い日をお聞かせくださいますか?」

¿Serían tan amables de comunicarnos qué fechas son de su conveniencia para así poder concertar la cita?

Les agradeceríamos que nos hicieran saber su disponibilidad para organizar la entrevista.
面談を設定するにあたり、ご都合をお知らせいただければ幸甚に存じます。

¿Les importaría transmitirnos qué día y qué hora están disponibles para realizar la entrevista?
面談を行うのにご都合のよい日時を教えていただけないでしょうか?

> **¿Sabías que...?** ▶▶▶ ポイント
>
> ● アポイントの表現
>   Desearía disponer aproximadamente de una hora para la reunión.
>   (ミーティングに1時間程度いただきたいのですが)

60 「お待ちしております」アポイントを受ける

✉ 59 の商談の申し込みに承諾のメールをします。

Asunto: Re: Solicitud de entrevista

Estimado Sr. Sato:

Muchas gracias por el correo en el que nos presentaba sus productos. Hemos estudiado detenidamente el folleto adjunto y **pensamos que sus paneles solares tendrían posibilidades en el mercado chileno❶**, por lo que **nos gustaría recibirles en nuestra oficina.❷** ¿Le parece bien el día 6 de septiembre a las 11h de la mañana? **Confírmenos su disponibilidad❸** y así reservo una sala de reuniones. **Le adjunto la ubicación exacta de nuestra oficina❹** y un mapa de los alrededores. Le dejo también mi número de contacto (954-33-11-88). Espero su respuesta.
Un cordial saludo,

Jorge Álvaro

件名：Re: アポイントのお願い
サトウ様
貴社の商品をご紹介くださり誠にありがとうございます。添付いただいたパンフレットを詳細に検討し、**チリ市場において太陽光パネルには将来性があると考えております❶**ので、**ぜひ弊社までご足労いただきたく存じます。❷** そこで、9月6日、午前11時はいかがでしょうか？ 応接室を予約いたしますので**ご予定をお聞かせください。❸**
弊社の住所と周辺地図を添付します❹のでご確認ください。また、私の連絡先もお知らせいたします (954-33-11-88)。では、お返事お待ちしております。
敬具
ホルヘ・アルバロ

Variaciones » バリエーション

❶「チリ市場において太陽光パネルには将来性があると考えております」

Pensamos que sus paneles solares tendrían posibilidades en el mercado chileno.

Estamos interesados en sus productos.
貴社の商品に興味があります。

Queremos saber más detalles sobre...
…についてもっと知りたいのですが。

❷「ぜひ弊社までご足労いただきたく存じます」

Nos gustaría recibirles en nuestra oficina.

Nos encantaría concertar una cita con usted.
ぜひお目にかかりたいと思います。

Estaríamos encantados de poder hablar personalmente con usted.
個人的にお話しさせていただれば幸いです。

❸「ご予定をお聞かせください」

Confírmenos su disponibilidad.

Díganos si es de su conveniencia.
ご都合をお聞かせください。

Háganos saber si está libre en dicha fecha.
その日程で空いていらっしゃるかどうかお知らせください。

❹「弊社の住所を添付します」

Le adjunto la ubicación exacta de nuestra oficina.

Le copio más abajo la dirección de nuestro edificio.
弊社の住所を以下に明記しております。

Le paso los datos de contacto de nuestro responsable de importación.
輸入担当者の連絡先をお知らせします。

¿Sabías que...? ▶▶▶ ポイント

● アポイント依頼に応えるときの表現
Lamentamos comunicarle que en estos momentos no estamos pensando ampliar nuestro abanico de productos.
（残念ながら現在、商品の幅を拡大することは考えておりません）
¿Podría traer a la reunión muestras de algunos de los productos?
（打ち合わせの際、これらの商品のサンプルをお持ちいただけますか？）

61 「お世話になりました」視察先にお礼を伝える

海外視察で訪れたウルグアイの会社にお礼のメールをします。

Asunto: Gracias por todo

Estimado Sr. Cañamares:

Ya me encuentro de vuelta en Japón y al trabajo tras la visita a su fábrica de Montevideo. En primer lugar, **me gustaría darle las gracias por toda la atención recibida.** ❶ Gracias a usted y a su equipo me sentí como en casa, y **creo que nuestro proyecto conjunto es muy prometedor** ❷ y va a marcar un antes y un después en el sector químico uruguayo. **Sin duda ha merecido la pena realizar este largo viaje** ❸, en el que finalmente pude conocerlo a usted en persona y disfrutar de los magníficos restaurantes a los que me llevó cada día.
Como le comenté antes de regresar, en los próximos días le enviaremos los documentos necesarios para el proceso de importación.
Salude de mi parte a todo el equipo y en especial al Sr. Baselga. ❹
Cordialmente,

Gouta Izumo

件名：お世話になりました
カニャマレス様
貴社モンテビデオ工場の視察後、日本に帰国し仕事に戻りました。何はさておき、**その節は大変お世話になり感謝申し上げます。**❶　貴チームの皆さまのおもてなしのおかげで、まるで自分の家にいるようにリラックスできました。**貴社との共同プロジェクトは非常に有望であると思われ**❷、おそらくウルグアイの化学分野において画期的な業績を残すことでしょう。また、貴方様と個人的に知り合えた上、連日お連れいただいた素晴らしいレストランも満喫でき、**間違いなく遠方まで出張したかいがありました。**❸
帰国前にお伝えしたように、数日中に輸入手続きに必要な書類をお送りします。
チームの皆さまと特にバセルガ様によろしくお伝えください。❹
敬具
イズモ・ゴウタ

Variaciones　»　バリエーション

❶「その節は大変お世話になり感謝申し上げます」

Me gustaría darle las gracias por toda la atención recibida.

Quería agradecerle su inestimable ayuda durante todo el viaje.
出張中は随分お世話になり、ありがとうございました。

Déjeme decirle gracias por todo su trabajo a lo largo de la semana pasada.
先週1週間にわたりご対応ありがとうございました。

❷「貴社との共同プロジェクトは非常に有望であると思われます」

Creo que nuestro proyecto conjunto es muy prometedor.

Por fin pudimos terminar con éxito el proyecto en el que estábamos trabajando.
一緒に取り組んでいたプロジェクトが成功裏に終わりました。

Pienso que hemos dado un gran paso adelante en nuestro proyecto de colaboración.
貴社との共同プロジェクトが大きく前進したと考えています。

❸「間違いなく遠方まで出張したかいがありました」

Sin duda ha merecido la pena realizar este largo viaje.

Sin lugar a dudas este viaje nos ha permitido estrechar nuestras relaciones comerciales.
今回の出張によって貴社との取引が促進されることは疑いの余地がありません。

Gracias a este viaje hemos podido solucionar los problemas que habían surgido.
今回の出張により、発生していたトラブルを解決することができました。

❹「チームの皆さまと特にバセルガ様によろしくお伝えください」

Salude de mi parte a todo el equipo y en especial al Sr. Baselga.

Mande un afectuoso saludo al presidente de su empresa, el Sr. Albalat.
貴社のアルバラット社長にくれぐれもよろしくお伝えください。

Deles recuerdos al Sr. Nebot y a la Sra. Ventura.
ネボット氏とベントゥーラ夫人によろしくお伝えください。

¿Sabías que...?　▶▶▶　ポイント

- Gracias a...「～のおかげで」
  Gracias a su colaboración hemos podido terminar a tiempo.
  （ご協力いただいたおかげで納期までに終えることができました）
  Gracias a Dios nadie resultó herido.
  （神のご加護で、誰もけがをせずに済んだ）

62 「翻訳をお引き受けいたします」業務請け負いに関する連絡

翻訳の料金と支払条件を伝えます。

Asunto: Aceptación de trabajo

Estimada Sra. López:

A través de mi compañera Sachiko Kanda he podido saber que su empresa❶ necesita la traducción al japonés de varios folletos informativos sobre sus productos. Como ya le habrán explicado, tengo una gran experiencia en la traducción de textos comerciales (adjunto le envío mi currículum) por lo que **me interesaría recibir el encargo.❷**
Le comento, pues, las tarifas y condiciones de pago con las que trabajo habitualmente:❸

Tarifa: 10 yenes por palabra original + IVA (8%)
Plazo de pago: 15 días desde el envío de la factura.
Forma de pago: transferencia bancaria tras la entrega de la traducción **(los datos bancarios se los facilitaré más adelante).❹**

En cuanto al plazo de entrega, si me envía los documentos, podré darle una fecha más concreta, si bien supongo que será alrededor de una semana.
Espero su respuesta.
Atentamente,

Yuko Uemura

件名：お引き受けいたします
ロペス様
同僚のカンダ・サチコより、貴社にて各種製品案内パンフレットの日本語への翻訳を必要とされていることを伺いました。❶　すでにお聞きになったかと思いますが、私は商用文の翻訳について豊富な経験がありますので（添付の履歴書参照）、**本件をお引き受けしたく存じます。❷**
つきましては、私の通常の料金および支払条件は以下の通りです。❸
料金：10円／原文1ワード＋消費税（8％）
お支払日：請求書発行後15日以内に
支払方法：翻訳納品後、銀行振込　**（口座情報は後日お知らせします❹）**
納期に関しましては、およそ1週間前後になりますが、文書をお送りいただければ具体的な日付をお伝えいたします。
ご返信お待ちしております。　　敬具　　ウエムラ・ユウコ

Variaciones » バリエーション

❶「同僚の…より、貴社にて…（である）ことを伺いました」

A través de mi compañera ... he podido saber que su empresa...

Gracias a mi jefe Kai Ota he sabido que buscan un guía intérprete.
上司のオオタ・カイより、あなた方が通訳ガイドを探していると伺いました。

Su comercial Elena García me ha comunicado que necesitan una traductora.
営業のエレナ・ガルシア様から貴社で翻訳者を募集中とお聞きしました。

❷「本件をお引き受けしたく存じます」

Me interesaría recibir el encargo.

Desearía encargarme de la traducción de los documentos mencionados.
上記文書の翻訳をお引き受けしたいと考えております。

Me gustaría hacerme cargo del trabajo.
そのお仕事をお任せいただければと思います。

❸「つきましては、私の通常の料金および支払条件は以下の通りです」

Le comento, pues, las tarifas y condiciones de pago con las que trabajo habitualmente:

A continuación le explico las tarifas y condiciones de pago que uso normalmente:
以下に私が通常お引き受けしている料金と支払条件をお知らせします。

Estas son las tarifas y condiciones de pago que aplico en este tipo de encargos:
この種の業務に適用している料金と支払条件はこちらです。

❹「口座情報は後日お知らせします」

Los datos bancarios se los facilitaré más adelante.

El nombre del banco y el número de cuenta se los proporcionaré una vez haya terminado la traducción.
銀行名および口座番号は翻訳を終えた時点でお知らせいたします。

La información bancaria necesaria para la transferencia se la pasaré en breve.
銀行振込に必要な情報は近日中にお伝えいたします。

¿Sabías que...? ▶▶▶ ポイント

● 支払いに関する表現
¿Podría indicarme qué día va a realizar el pago convenido?
（お支払いがいつになるか教えていただけますか？）
A fin de realizar la declaración de la renta, necesito que me envíe el certificado de retenciones correspondiente al año 20XX.
（確定申告を行うため、20XX年分の源泉徴収票をお送りいただきたいのですが）

63 「料理教室に申し込みます」
イベントへの参加申し込み
主催者に内容について確認します。

Asunto: Curso de cocina mexicana

Estimado Sr. Montano:

Le escribo porque **nos gustaría inscribirnos a mí y a tres amigas más** (al final del email detallo los nombres) **al curso de cocina mexicana** ❶ que ofrece en su página web a partir del próximo día 4 de febrero.
A las cuatro nos interesa mucho Latinoamérica y cada año viajamos por un país diferente. De hecho, el año pasado visitamos México y **quedamos fascinadas por su cultura y gastronomía.** ❷ También estamos estudiando español, pero nuestro nivel es todavía muy bajo (una amiga nos está ayudando a escribir este correo). **¿Las clases de cocina son en español o también hay alguna explicación en japonés?** ❸ Si la hubiera, nos sería de gran ayuda. Por otro lado, **¿tenemos que llevar alguna cosa para la clase?** ❹ ¿Nos dará la receta en papel al acabar la sesión?
Muchas gracias y un saludo,

Michiko, Sachi, Maiko y Haruna

件名：メキシコ料理教室
モンターノ様
そちらのウェブサイトに記載されている2月4日開講のメキシコ料理教室に、私と友人3名（氏名はメールの最後に記します）で**申し込みたく**❶、メールを差し上げています。
私たち4名はラテンアメリカに強い関心を持っており、毎年違う国を旅行しています。実際、昨年は皆でメキシコを訪れ、**その文化と料理に魅了されました。**❷ スペイン語も学習中ですが、私たちのレベルはまだまだという感じです（友人がこのメールを書くのを手伝ってくれています）。**料理教室はスペイン語ですか、それとも日本語の説明もありますか？**❸ もし（日本語の説明が）あれば、私たちは非常に助かります。また何か教室に持参すべきものはありますか？❹ クラス終了後にレシピはもらえますか？
どうぞよろしくお願いいたします。
ミチコ、サチ、マイコ、ハルナより

3 オフィシャルメール

Variaciones » バリエーション

❶「メキシコ料理教室に、私と友人3名で申し込みたいと思います」

Nos gustaría inscribirnos a mí y a tres amigas más al curso de cocina mexicana.

Querría apuntarme a la fiesta cubana que organiza su escuela.
貴校が主催するキューバ・フェスタに参加させていただきたいのですが。

Desearía asistir a la clase de cultura y gastronomía de Colombia.
コロンビア文化と料理のクラスに参加を希望いたします。

❷「その文化と料理に魅了されました」

Quedamos fascinadas por su cultura y gastronomía.

Nos encantó su gente y sus platos tradicionales.
私たちは現地の人々と伝統料理が大好きになりました。

Nos maravilló su hospitalidad y su comida local.
私たちは現地でのおもてなしと料理に感嘆しました。

❸「料理教室はスペイン語ですか、それとも日本語の説明もありますか?」

¿Las clases de cocina son en español o también hay alguna explicación en japonés?

¿La clase se imparte en español o en japonés?
クラスの進行はスペイン語ですか、それとも日本語ですか?

¿Podría usar solo español durante la clase?
クラスはスペイン語だけにしてもらえますか?

❹「何か教室に持参すべきものはありますか?」

¿Tenemos que llevar alguna cosa para la clase?

¿Se puede pagar mediante transferencia bancaria?
お支払いは銀行振込でもいいですか?

¿La clase se paga por adelantado o al terminar la misma?
受講料は前払いですか? それとも後払いですか?

¿Sabías que...? ▶▶▶ ポイント

● 料理教室への問い合わせの表現
Me gustaría intentar hacer en casa lo que hemos aprendido en clase.
¿Es posible conseguir los ingredientes en Japón?
(料理を習った後自分の家でも作ってみたいのですが、材料は日本で購入できますか?)
¿Cuándo será su próxima clase? ¿Qué hará?
(次の料理教室はいつですか? 何を作りますか?)

64 「スペイン語を教えてください」ネットで先生を探す

目当ての先生に連絡を入れます。

Asunto: Quiero aprender español

Estimado profesor Ramos:

He visto su anuncio en la página web AMIGOS y le escribo porque me gustaría estudiar con usted. ❶
Empecé a estudiar español hace seis años, cuando estaba en la universidad, y he vivido un año en Bolivia por motivos de trabajo. Actualmente estoy estudiando B1 en una academia pero **me es imposible asistir a clase cada semana a la misma hora**❷, por lo que me he planteado cambiar a una clase privada, que puede ser más flexible. **Me gustaría reforzar la conversación**❸ y, sobre todo, el uso del subjuntivo, ya que no consigo dominarlo y me cuesta bastante.
Estaba pensando en clases de 60 minutos los miércoles o jueves por la tarde cada dos semanas, más o menos a las 18h. ¿Me puede confirmar si le va bien el horario? ¿Y cual sería el precio por hora?
Le agradecería también si pudiéramos dar la clase cerca de Shinjuku, en alguna cafetería o restaurante, **donde usted prefiera.** ❹
Muchas gracias de antemano.

Kaori Saito

件名：スペイン語を教えてください

ラモス先生

ウェブサイト「AMIGOS」で先生の広告を拝見し、レッスンをお願いしたくメールを差し上げています。❶
私は6年前、大学生の時にスペイン語学習を始め、仕事で1年間ボリビアに住んでいました。現在、ある語学学校でB1レベルを学習中ですが、**毎週決まった時間に授業に出ることができない**❷ため、よりフレキシブルにできそうな個人レッスンに変更しようと考えています。**会話を強化したい**❸のと、接続法がマスターできずかなり苦労しているため、特にそこをお願いできればと思います。
水曜か木曜の午後、隔週で18時頃から60分のレッスンを考えています。時間的にご都合がよいかどうかお知らせいただけますか？　また、1時間の料金はおいくらですか？
新宿近くで先生の**ご希望の**カフェかレストランで❹レッスンができれば助かります。
どうぞよろしくお願いいたします。　サイトウ・カオリ

Variaciones » バリエーション

❶「ウェブサイト『AMIGOS』で先生の広告を拝見し、レッスンをお願いしたくメールを差し上げています」

He visto su anuncio en la página web AMIGOS y le escribo porque me gustaría estudiar con usted.

Me pongo en contacto con usted tras leer el anuncio en AMIGOS.
「AMIGOS」であなたの広告を拝見し、ご連絡いたしました。

Actualmente estoy buscando un profesor de español y he leído su anuncio en el tablón de AMIGOS.
現在スペイン語の先生を探しており、掲示板「AMIGOS」であなたの広告を見ました。

❷「毎週決まった時間に授業に出ることができない」

Me es imposible asistir a clase cada semana a la misma hora.

No puedo ir a clase todas las semanas a las 18h como hasta ahora.
これまでのように毎週18時に授業に出ることができません。

Me va mal el horario a partir del mes que viene.
来月以降、時間的に都合がつかなくなります。

❸「会話を強化したい」

Me gustaría reforzar la conversación.

Querría estudiar español de negocios, ya que lo necesito en mi trabajo.
仕事で必要なので、ビジネススペイン語を勉強したいです。

Me gustaría prepararme para el examen DELE B2.
DELE B2試験の対策をお願いしたいです。

❹「ご希望の（場所）で…」

... donde usted prefiera.

...donde le parezca mejor.
ご希望の場所で…。

...donde le vaya mejor.
ご都合のよい場所で…。

¿Sabías que...? ▶▶▶ ポイント

● 先生に勉強の目的を伝える表現
En verano voy a ir a Perú, así que me gustaría practicar conversación de viaje.
（夏休みにペルーに行くので、旅行会話を学びたいです）
¿Podría corregirme el diario que escribo en español?
（スペイン語で書いた日記を添削してもらえますか？）

65 「部屋にカメラを忘れました」
忘れ物の問い合わせ

忘れ物をしたので、ホテルへ問い合わせをします。

Asunto: Cámara perdida

Estimados señores:

Me llamo Reiko Iwase y **me alojé en su hotel desde el día 16 de marzo hasta ayer día 19 ❶** (habitación 307). **El motivo de que les escriba es para preguntarles si han encontrado una cámara** Sony XC300 de color gris **en la habitación ❷**, ya que parece ser que se me olvidó encima de la mesa cuando estaba preparando las maletas para salir ya del hotel.
En caso de haberla encontrado, **¿qué debo hacer para recuperarla? ❸** Dado que ya no me encuentro en el país, ¿les importaría enviármela por correo (**yo corro con los gastos ❹**) a la dirección abajo indicada? Muchísimas gracias de antemano y perdón por las molestias.
Dirección: 3-3-3, Mita, Shinjuku-ku 1234567, Tokio, Japón
Atentamente,

Reiko Iwase

件名：なくしたカメラを探しています
ご担当者様
私はイワセ・レイコと申します。3月16日から昨日19日まで貴ホテル（部屋番号307）に宿泊していました。❶　ご連絡を差し上げたのは、SONYのXC300、色はグレーのカメラが部屋に残っていなかったかどうかお伺いしたいからです。❷　ホテルをチェックアウトしようと荷造りをしている時、テーブルに置き忘れた可能性があります。
もし発見されていた場合、どうしたら受け取れますか？❸　と申しますのは、もう国外に出てしまったからです。お手数ですが、以下の住所まで郵送（送料は私が負担します❹）していただけないでしょうか？
ご面倒をおかけしますが、どうぞよろしくお願いいたします。
住所：〒123-4567　日本国　東京都新宿区三田3-3-3
敬具
イワセ・レイコ

Variaciones　» バリエーション

❶「3月16日から昨日19日まで貴ホテルに宿泊していました」

Me alojé en su hotel desde el día 16 de marzo hasta ayer día 19.

Me hospedé en su hotel los días 16-19 de marzo.
3月16〜19日の間、貴ホテルに宿泊しました。

Realicé una estancia en su hotel del 16 al 19 de marzo.
3月16日から19日まで貴ホテルに滞在していました。

❷「ご連絡を差し上げたのは、カメラが部屋になかったかどうかお伺いしたいからです」

El motivo de que les escriba es para preguntarles si han encontrado una cámara en la habitación.

Al parecer se me cayó la cartera mientras iba en el autobús.
バスに乗っていた時に財布を落としてしまったようです。

Creo que me dejé una mochila en la zona de control de equipaje del aeropuerto.
空港の手荷物検査付近でリュックを置き忘れてしまったのだと思います。

❸「どうしたら受け取れますか？」

¿Qué debo hacer para recuperarla?

¿Es posible que me la envíen de vuelta?
送り返してもらえますか？

¿Cuál es el procedimiento a seguir en estos casos?
このような場合、どういった手続きが必要ですか？

❹「送料は私が負担します」

Yo corro con los gastos.

Yo asumo todos los gastos.
私がすべての費用を負担します。

Mediante pago en destino.
着払いで。

¿Sabías que...?　▶▶▶　ポイント

● 予想外に起きた出来事の表現
Se me han perdido las llaves del hotel. （ホテルの鍵をなくしてしまった）
Se me ha olvidado el pin de la tarjeta de crédito. （クレジットカードの暗証番号を忘れてしまった）
Se me ha roto el cargador de la cámara. （カメラの充電器が壊れてしまった）
Se me ha caído el ordenador portátil al suelo. （ノートパソコンを床に落としてしまった）

66 「メールは届きましたか？」
受信確認と返信の催促

メールの返信が来ないので、催促します。

Asunto: Documentos para la exposición

Estimado Sr. Ortega:

Perdone que le moleste de nuevo. ❶ **Hace dos semanas le mandé un mensaje en el que le pedía** ❷ que me enviara los documentos que piensa utilizar en su presentación del mes que viene, ya que es necesario traducirlos antes al japonés y repartirlos a los demás asistentes. **¿Lo ha recibido?** ❸
Puesto que no hemos obtenido ninguna respuesta ❹ y la fecha de la presentación está muy cerca, ¿le importaría enviarnos cuanto antes dichos documentos? Así intentaremos prepararlo todo antes de que llegue a Japón.
Muchas gracias de antemano.
Un saludo,

Kenshiro Nakakuma

件名：プレゼンテーションの資料

オルテガ様

度々失礼いたします。❶　来月のプレゼンテーションでお使いになる予定の資料について、事前に日本語に翻訳し、ほかの参加者に配布するため私あてにお送りくださるよう、**2週間前にメールでお願いしたのですが**❷、**それは届いていますか？**❸
こちらに何もご返信がなく❹、プレゼンテーションの日にちが差し迫っているため、なるべく早急に資料を送っていただけないでしょうか？　そうしていただければ、来日される前にこちらですべてご用意しておくようにいたします。
どうぞよろしくお願い申し上げます。
敬具
ナカクマ・ケンシロウ

Variaciones » バリエーション

❶「度々失礼いたします」

Perdone que le moleste de nuevo.

Siento mucho molestarle de nuevo.
再度ご迷惑をおかけして申し訳ありません。

Disculpe que le moleste tantas veces.
何度もご連絡を差し上げ恐縮です。

❷「2週間前に (…を) メールでお願いしたのですが」

Hace dos semanas le mandé un mensaje en el que le pedía...

En su último email no hay ningún documento adjunto.
前回のメールにはファイルが添付されていませんでした。

La foto que nos envió no es la que habíamos solicitado.
私どもにお送りいただいた写真は、お願いしたのと違うものでした。

❸「それは届いていますか？」

¿Lo ha recibido?

¿Le ha llegado dicho email?
そのメールは届きましたか？

¿Nos puede confirmar si ha leído el correo?
そのメールをお読みになりましたか？

❹「こちらに何もご返信がないので…」

Puesto que no hemos obtenido ninguna respuesta...

Ya que no nos ha llegado respuesta alguna...
こちらに何もお返事が届いていないため…

Dado que todavía no tenemos respuesta por su parte...
私どもあてにまだご返信をいただいておりませんので…

¿Sabías que...? ▶▶▶ ポイント

● 返事の催促
返事を催促するには本文のように文頭でひと言お詫びするのがベストでしょう。何度催促しても解決しないときは、次のような表現で締切日を設け、軽くプレッシャーをかけてみる手もあります。

Si no nos envía el borrador antes del día 20, lamentablemente tendremos que cancelar la publicación del libro.
(20日までに原稿を送っていただけない場合は、残念ながら出版を断念せざるを得ないでしょう)

67 「休業させていただきます」
夏季休業のお知らせ

お客様に休暇をお知らせします。

Asunto: Anuncio por vacaciones

Distinguidos clientes:

Les comunicamos que, **con motivo de las vacaciones estivales❶**, del día 12 de agosto hasta el día 19, ambos inclusive, nuestras oficinas permanecerán cerradas. A partir del 20 de agosto les atenderemos con total normalidad. **En caso de fuerza mayor, rogamos pónganse en contacto con❷** Daisuke Okada (Dpto. de Comunicación y *Marketing*), de quien dejamos sus datos de contacto a continuación.

Teléfono: 91-111-22-33
Fax: 91-111-22-44
Email: dokada@example.com

Las consultas vía email se contestarán a la mayor brevedad posible.❸ Disculpen las molestias.❹
Atentamente,

Paula Vilar

件名：休暇のお知らせ
お客様各位
8月12日より19日まで弊社は**夏季休暇のため**❶休業とさせていただきます。8月20日より平常どおり営業いたします。**急用の場合は、**ダイスケ・オカダ（広報・マーケティング部）**までご連絡ください**ますようお願いいたします。❷　連絡先は以下の通りです。
Teléfono: 91-111-22-33
Fax: 91-111-22-44
Email: dokada@example.com
**メールでのお問い合わせにつきましては、できる限り速やかに対応させていただきます。❸
ご不便をお掛けします❹**がよろしくお願いいたします。
敬具
パウラ・ビラル

Variaciones　»　バリエーション

❶「夏季休暇のため…」

Con motivo de las vacaciones estivales, ...

A causa de las fiestas navideñas, ...
クリスマス休暇のため…。

Debido al aniversario de fundación de nuestra empresa, ...
弊社の創立記念日のため…。

❷「急用の場合は…までご連絡くださいますようお願いいたします」

En caso de fuerza mayor, rogamos pónganse en contacto con...

En caso de emergencia, llamen al teléfono...
緊急の場合は…までお電話ください。

Para consultas urgentes, utilicen el número de la oficina central en Tokio.
お急ぎのご用件は、東京本社までお電話ください。

❸「メールでの問い合わせにつきましては、できる限り速やかに対応させていただきます」

Las consultas vía email se contestarán a la mayor brevedad posible.

Durante las vacaciones no podremos atender sus consultas.
休暇期間中はご対応できかねます。

Atenderemos sus consultas a partir del día...
…日より対応いたします。

❹「ご不便をお掛けします」

Disculpen las molestias.

Agradecemos su comprensión.
ご理解のほどお願いいたします。

Perdonen las molestias que podamos ocasionarles.
ご不便をお掛けして申し訳ございません。

¿Sabías que...?　▶▶▶　ポイント

● 休業の理由の表現
　Debido a las vacaciones de Año Nuevo, （年末年始のため、）
　Debido a la Golden Week/debido al puente de mayo, （ゴールデンウイークのため、）

68 「急な事情でできなくなりました」
仕事や依頼のキャンセル

引き受けた仕事のキャンセルをお詫びし、代替案を提示します。

Asunto: Solicitud de cancelación de trabajo

Estimada Sra. Velarte:

Le escribo en nombre de nuestro presidente, Shigeru Kohashi, y de toda la empresa Yotsuya. **Sentimos mucho tener que comunicarle que ❶** el Sr. Kohashi no podrá encargarse del discurso de inauguración de la XIV Feria del Automóvil el próximo día 21 de diciembre, ya que **debido al fallecimiento de un familiar ❷**, no se encuentra en condiciones de desplazarse a México a finales de esta semana.
Lamentamos la situación y las molestias que este contratiempo pueda ocasionar. ❸ No obstante, y si les parece bien, nuestro vicepresidente sí que podría asistir al evento y realizar el discurso en su lugar. **Les rogamos nos confirmen si sería posible hacer este cambio. ❹**
Les saluda atentamente,

Kazuhiro Kiryu
Yotsuya, S.A.

件名：仕事のキャンセルのお願い

ベラルテ様

弊社の代表取締役社長コハシ・シゲルに代わり、ヨツヤグループ全社を代表してご連絡いたします。**大変恐縮ですが❶**、コハシは来たる12月21日の第14回モーターショーにおける開会の辞をお引き受けできなくなりました。**身内に不幸があり❷**、今週末メキシコへ渡航するのが困難な状況です。
不測の事態により、ご迷惑をお掛けして申し訳ございません。❸ そこで、もし差し支えなければ、弊社の副社長が上記行事に出席し、社長に代わって開会の辞を述べさせていただきます。**この度の変更をご承諾いただけるかどうか、ご確認願います。❹**
よろしくお願い申し上げます。
キリュウ・カズヒロ
ヨツヤ株式会社

Variaciones　»　バリエーション

❶「大変恐縮ですが…」

Sentimos mucho tener que comunicarle que...
Lamento enormemente decirles que...
大変恐れ入りますが、（…）という事を申し上げます。

Sintiéndolo mucho debo transmitirles que...
大変申し訳ないのですが、（…）という事をお伝えせざるを得ません。

❷「身内に不幸があり」

Debido al fallecimiento de un familiar,
El trabajador que se iba a encargar del proyecto ha dejado la empresa y en estos momentos no tenemos a nadie cualificado para sustituirle.
プロジェクトを担当予定だった者が退職し、現在代わりを務められる者がおりません。

Ha habido un error de organización y nos hemos dado cuenta de que no podemos aceptar el trabajo.
企画に手違いがあり、その仕事をお受けできないことが発覚しました。

❸「不測の事態により、ご迷惑をお掛けして申し訳ございません」

Lamentamos la situación y las molestias que este contratiempo pueda ocasionar.
Sentimos enormemente la situación y los problemas ocasionados.
この度の状況および発生した問題につきまして、大変申し訳なく思っております。

Disculpen de nuevo las molestias que les hayamos podido ocasionar.
ご迷惑をお掛けすることになり、重ねてお詫び申し上げます。

❹「この度の変更をご承諾いただけるかどうか、ご確認願います」

Les rogamos nos confirmen si sería posible hacer este cambio.
¿Serían tan amables de comunicarnos si es posible realizar el cambio?
お手数ですが、この度の変更をご承諾いただけるかどうかご連絡いただけますか？

Quedamos, pues, a la espera de que nos comuniquen si se podría hacer el cambio propuesto.
つきましては、ご提案させていただいた変更が可能かどうか、ご一報をお願いいたします。

¿Sabías que...? ▶▶▶ ポイント

● 仕事を断る表現
Lo siento mucho, pero me ha surgido un asunto muy urgente y no voy a poder hacer lo que me pediste.
（申し訳ないのですが、至急の案件が発生し、ご依頼の件ができなくなりました）
Perdona pero he tenido un problema familiar y no me va a dar tiempo a hacer el trabajo.
（すみませんが、家庭の事情により、仕事が間に合いそうにありません）

69 「エアコンが壊れています」 修理のお願い

エアコンが壊れて、オーナーに問い合わせをします。

Asunto: Aire acondicionado estropeado

Estimada Sra. Osorio:

Me llamo Kanami Konno y soy la inquilina del 4º A de su piso en la calle San Germán, 34. Le escribo porque desde hace un par de días **el aire acondicionado estaba haciendo un ruido un poco extraño❶** y ayer finalmente dejó de funcionar. **He probado a cambiar las pilas del mando a distancia, pero❷** parece ser que ese no es el problema. El aparato es bastante viejo y puede que se haya estropeado.
Estamos en el mes de agosto y, como comprenderá, es casi imposible estar dentro de casa si no hay aire acondicionado. Así pues, **¿le importaría llamar al técnico para que lo arregle o lo cambie❸** cuanto antes? **Avíseme, por favor, cuando sepa qué día pueden venir.❹**
Un saludo,

Kanami Konno

件名：エアコンが壊れています
オソリオ様
コンノ・カナミと申します。サンヘルマン通り34番地のマンション4階A号室に住んでいます。この数日**エアコンから少し変な音が出ており❶**、昨日ついに動かなくなったため、メールを差し上げています。**リモコンの電池を替えてみましたが❷**、それが原因ではないようです。設備がかなり古くなっており、故障してしまったかと思われます。
今は8月ですので、お察しの通り、エアコンなしに屋内で過ごすことはできません。そのため、なるべく早く**業者を呼んで修理または交換をお願いできないでしょうか？❸** **いつ来ていただけるか分かり次第お知らせください。❹**
敬具
コンノ・カナミ

Variaciones » バリエーション

❶「エアコンから少し変な音が出ています」

El aire acondicionado estaba haciendo un ruido un poco extraño.

Desde hace una semana ha aparecido una gotera en el techo del cuarto de baño.
1週間前からバスルームの天井が雨漏りしています。

Desde esta mañana no puedo usar el inodoro porque parece ser que se ha embozado.
今朝からトイレが詰まっているようで使えません。

❷「リモコンの電池を替えてみましたが…」

He probado a cambiar las pilas del mando a distancia, pero...

Al principio no le di importancia, pero la gotera ha aumentado considerablemente.
初めはあまり大した問題ではなかったのですが、雨漏りがかなりひどくなりました。

He intentado usar un desatascador, pero el problema persiste cada vez que tiro de la cadena.
（トイレ用の）吸引カップを試してみましたが、何度水を流しても解決しません。

❸「業者を呼んで、修理または交換をお願いできないでしょうか？」

¿Le importaría llamar al técnico para que lo arregle o lo cambie?

¿Podría llamar al servicio técnico para que solucione el problema cuanto antes?
できるだけ早くトラブルが解決するよう、業者を呼んでいただけませんか？

¿Puede ponerse en contacto con la empresa de reparaciones para que enmienden el problema?
トラブル処理のため、修理業者に連絡を取っていただけますか？

❹「いつ来ていただけるか分かり次第お知らせください」

Avíseme, por favor, cuando sepa qué día pueden venir.

¿Puede llamarme cuando se sepa qué día vendrán a reparar el aire?
エアコン修理に来られる日にちが分かったらお電話いただけますか？

Dígame algo cuando se haya decidido qué día vienen a arreglar el aire.
いつエアコン修理に来られるか決まったら教えてください。

¿Sabías que...? ▶▶▶ ポイント

● マンショントラブルに関する表現
Ayer, cuando puse una lavadora, se salió todo el agua y se inundó la cocina.
（昨日洗濯機を使ったら水があふれ出て、キッチンが水浸しになりました）
La nevera se ha estropeado y he tenido que tirar todo lo que había dentro.
（冷蔵庫が故障して、中にあった物を全部捨てるハメになりました）

70 「賠償を要求したい」旅行会社へのクレーム

飛行機の遅れや手配ミスによって起こった問題に対して賠償を求めます。

Asunto: Reclamación de viaje

Estimado Sr. Director Aguirre:

Mi nombre es Ai Kinoshita y **le escribo para comunicarle mi descontento con el viaje a Perú❶** que contraté con su agencia de viajes hace dos semanas.
En primer lugar, el avión salió con un retraso de casi 24 horas❷, durante las cuales no se nos ofreció ni comida ni alojamiento. Asimismo, se supone que el hotel que habíamos contratado en el paquete de viajes era de 4 estrellas y estaba cerca del centro de Lima, pero **para nuestra sorpresa nos llevaron a uno de inferior calidad❸** y a más de 30 minutos en autobús del centro. Y por si fuera poco, el guía japonés de su agencia no hablaba ni inglés y su español dejaba bastante que desear. ¡Incluso una vez tuve yo que hacer de intérprete! Comprenderán, pues, mi descontento con su agencia, ya que creo que no han cumplido las condiciones estipuladas en la reserva. Por todo ello, **les reclamo una indemnización❹** o, por el contrario, me veré obligada a tomar medidas legales.
Atentamente,

Ai Kinoshita

件名：旅行に関するクレーム
アギレ社長
私はキノシタ・アイと申します。この度、2週間前に貴旅行代理店にお申し込みした**ペルー旅行に関して不満があり、ご連絡いたします。❶**
まず、**飛行機が約24時間遅れて出発し❷**、その待ち時間に食事および宿泊先の用意がありませんでした。さらに、私どもがパッケージ旅行で申し込んだホテルは4ツ星でリマ中心部に近いはずでした。しかし、**驚いたことに、ランクの低いホテルで中心部からバスで30分以上もかかる所に連れて行かれました。❸** おまけに日本人ガイドは英語も話せずスペイン語もひどいものでした。私が通訳せざるを得ないこともありました！
予約時に取り決めてあった条件を満たしていないため、貴社に対する不満をご理解いただけると思います。以上により**貴社に賠償を要求したく❹**、それが不可能な場合は、法的手段に訴えさせていただきます。
敬具　キノシタ・アイ

Variaciones » バリエーション

❶「この度、ペルー旅行に関して不満があり、ご連絡いたします」
Le escribo para comunicarle mi descontento con el viaje a Perú.
Me gustaría comentarle las incidencias ocurridas durante mi viaje a Perú.
ペルーへの旅行中の出来事をご報告したいと思います。

Me dirijo a usted para expresarle mi desagrado con la organización del viaje.
貴社のツアー内容に不満があり、ご連絡させていただきます。

❷「まず、飛行機が約 24 時間遅れて出発しました」
En primer lugar, el avión salió con un retraso de casi 24 horas.
El vuelo fue cancelado y no se nos proporcionó otra alternativa.
フライトがキャンセルになり、代替便をご用意いただけませんでした。

El guía no se había preparado las excursiones y apenas tenía información de los lugares visitados.
ガイドがツアーの用意をしておらず、行き先の情報さえ持ち合わせていませんでした。

❸「驚いたことに、ランクの低い所に連れて行かれました」
Para nuestra sorpresa nos llevaron a uno de inferior calidad.
Imagínese cuál fue nuestra sorpresa cuando llegamos al hotel.
そのホテルに着いた時どんなに驚いたかご想像いただけますか。

Sin darnos ninguna explicación, nos cambiaron a un hotel inferior.
まったく説明もなしにランクの低いホテルに変更されました。

❹「貴社に賠償を要求します」
Les reclamo una indemnización.
Les pido una compensación o me veré obligada a poner el caso en manos de un abogado.
貴社に補償をお願いしたく、それが無理な場合、弁護士の手に委ねざるを得ません。

Exijo una indemnización o no tendré más remedio que emprender acciones legales.
貴社に賠償していただきたく、不可能な場合は法的手段に訴えるほかありません。

¿Sabías que...? ▶▶▶ ポイント

● 旅行に関するトラブルの表現
La habitación del hotel era para fumadores y apestaba a tabaco.
（ホテルの客室が喫煙者用でありタバコの臭いがしていました）
El personal de su agencia fue bastante descortés cuando le expuse mis quejas.
（クレームをお伝えした際、貴社の担当者の態度が非常に失礼でした）

71 「対策をとっていただけないでしょうか？」市役所への要求

市役所に、ゴミの分別についての対策を求めます。

○ Asunto: Problemas con el reciclaje

Estimado Sr. Martínez Castro:

Soy una vecina del barrio de Lavapiés, donde llevo viviendo desde hace más de 20 años. La razón por la que me dirijo a usted **es la despreocupación que muestra la mayoría de residentes a la hora de separar la basura**❶, por no hablar de los horarios en los que la sacan.

Tal y como exigen las normas, se supone que los ciudadanos debemos separar el papel, cartón y vidrio de la basura orgánica, y depositar cada uno de ellos en el contenedor correspondiente. Sin embargo, **no hay día en que no vea a algún vecino tirar toda la basura en el mismo contenedor**❷ y sin el más mínimo sentimiento de culpa. Asimismo, no son pocos los que sacan la basura orgánica durante el día, por lo que debido al calor se producen unos olores horribles y en ocasiones no se puede pasar cerca de los contenedores.

He llamado varias veces al ayuntamiento pero **nadie ha hecho nada al respecto.**❸ **¿Es mucho pedir que tome algún tipo de medida**❹ y así no hacer inútil el esfuerzo de los pocos vecinos que sí reciclamos?

Atentamente,

Elena Molina

件名：リサイクルに関するトラブル

マルティネス・カストロ様

私は20年以上ラバピエス地区に住む者です。この度ご連絡差し上げるのは、**住民の大半がゴミを出す時間だけでなく分別に無頓着だからです。**❶

規則で決められている通り、住民は、紙、ボール紙、ガラスを生ゴミから分別し、該当するコンテナに入れることになっています。しかし、**近所の人がゴミをすべて同じコンテナに捨てるのを見ない日はなく**、まったく悪びれる様子もありません。❷　さらに、日中にゴミを出す人も多く、暑さのため強烈な臭いがして、時にはコンテナの近くを通れないこともあります。

市役所に何度も電話しましたが、**この件に関してまったくご対応いただいておりません。**❸　お手数ですが、**何か対策をとっていただけないでしょうか？**❹　そうすれば、真面目にリサイクルをしている数少ないの住民の努力が無駄にならないかと思います。

敬具　　エレナ・モリーナ

3 オフィシャルメール

Variaciones　»　バリエーション

❶「（ご連絡差し上げるのは）住民の大半が分別に無頓着だからです」

Es la despreocupación que muestra la mayoría de residentes a la hora de separar la basura.

Es la falta de higiene de la que adolecen las personas que tienen mascotas.
ペットの飼い主の悪癖により不衛生になるからです。

Es la desconsideración que muestran muchos jóvenes frente a las personas mayores.
年配の人々に対し多くの若者が配慮に欠けるからです。

❷「近所の人がゴミをすべて同じコンテナに捨てるのを見ない日はありません」

No hay día en que no vea a algún vecino tirar toda la basura en el mismo contenedor.

Casi nadie recoge los excrementos de sus mascotas cuando las sacan a pasear.
散歩の際にペットのふんを持ち帰る人はかなり少数派です。

Me sorprende ver que los jóvenes ya no ceden el asiento a las personas mayores en los transportes públicos.
今や公共交通機関で若者が年配者に席を譲らないことが私には驚きです。

❸「この件に関してまったくご対応いただいておりません」

Nadie ha hecho nada al respecto.

El problema continúa ahí.
問題は未解決のままです。

La situación sigue igual.
状況はまったく変わっていません。

❹「お手数ですが、何か対策を取っていただけないでしょうか？」

¿Es mucho pedir que tome algún tipo de medida?

¿Es que nadie va a hacer nada al respecto?
この件について誰も責任を取らないんですか？

¿Podrían, si no es mucho pedir, tomar las medidas necesarias?
もし無理なお願いでなければ、対策を取っていただけませんか？

¿Sabías que...?　▶▶▶　ポイント

● 市役所に意見するときの表現

Los bares no respetan el horario de cierre y resulta casi imposible conciliar el sueño.
（バルが閉店時間を守らないため眠ることができません）

El número de atracos ha aumentado en la zona y me da pánico salir a la calle por la noche.
（当地区で強盗の件数が増えており、夜間に外出するのが怖いです）

履歴書

履歴書の形式です。

CURRÍCULUM VÍTAE

INFORMACIÓN PERSONAL
Nombre y Apellidos: Noriyo Ueda
Fecha de nacimiento: 25 de junio de 1985
Dirección: 10-5, Honmachi, Chuo-ku, Tokio, 104-0000 Japón
Teléfono de contacto: 81 123 456 78
Correo electrónico: uenori@example.ne.jp

FORMACIÓN ACADÉMICA
04/2003 - 03/2007 Licenciatura en Relaciones Internacionales
　　　　　　　　　Universidad de Heisei, Facultad de Derecho
　　　　　　　　　Especialidad en Estudios Latinoamericanos

■ Estancia de estudios de 6 meses de duración en la Universidad Autónoma de la Ciudad de México (UACM) 09/2005-02/2006

FORMACIÓN EXTRAACADÉMICA
04/2007 – 03/2008 Curso de Español nivel B2
　　　　　　　　　Centro de Idiomas Global (Guatemala)

EXPERIENCIA PROFESIONAL
03/2010 – presente　Zora, S.A. Departamento de publicidad y *marketing*
　　　　　　　　　Cargo: Jefa de Redacción
05/2008-01/2010　Fujiyama, S.A.
　　　　　　　　　Departamento de exportación e importación
　　　　　　　　　Cargo: Responsable del departamento

IDIOMAS
Japonés　Lengua materna
Inglés　　B1. Cambridge English PET, TOEIC 700 (mayo, 2014)
Español　B2. Diploma DELE B2

INFORMÁTICA
Conocimientos de Word, Excel, PowerPoint

履　歴　書

個人の情報
氏名：上田紀代
生年月日：1985年6月25日
住所：〒104-0000　日本国　東京都中央区本町10-5
連絡先電話番号：81 123 456 78
メールアドレス：uenori@example.ne.jp

学　歴
2003年4月－2007年3月　平成大学法学部　ラテンアメリカ研究専攻
　　　　　　　　　　　学士（国際関係学）

■メキシコシティ自治大学（UACM）にて6カ月間留学（2005年9月～2006年2月）

その他の資格等
2007年4月－2008年3月　スペイン語コース　B2レベル
　　　　　　　　　　　セントロ・デ・イディオマス・グロバル校（グアテマラ）

職　歴
2010年3月－現在　　　　ゾラ（株）広報・マーケティング部
　　　　　　　　　　　　担当：編集長
2008年5月－2010年1月　フジヤマ（株）
　　　　　　　　　　　　輸出入課
　　　　　　　　　　　　担当：責任者

言　語
日本語　　　　母語
英語　　　　　中級　ケンブリッジ英検PET、TOEIC700点（2014年5月）
スペイン語　　中上級　DELE　B2

PCスキル
Word、Excel、PowerPoint

コラム4

ビジネスで使える表現

　ビジネスメールというと、ビジネスライクに用件だけという印象がありますが、ちょっとした心遣いを最後に添えることで、相手に良い印象を与えられます。

■人間関係

A la espera de recibir su respuesta, le saluda atentamente.
（お返事をお待ちしております。よろしくお願いいたします）

Si tiene alguna pregunta, no dude en contactar con nosotros.
（ご質問等ございましたら、お気軽にお問い合わせください）

Salude de mi parte a todo el equipo.
（チームの皆さまによろしくお伝えください）

■感謝

Muchas gracias por responder tan rápido.
（早速のご返信ありがとうございます）

Le agradezco su consideración.（ご配慮くださり感謝申し上げます）

Muchas gracias por su atención.（お気遣いありがとうございます）

■謝罪

Perdone que le moleste.（ご迷惑をお掛けして申し訳ありません）

Disculpe las molestias que le hayamos podido ocasionar.
（この件について、ご迷惑をお掛けしましたことをお詫び申し上げます）

Perdone por haber tardado tanto tiempo en contestar.
（お返事が遅くなり失礼いたしました）

第4章

カード

72 「夏休みをイビサで過ごしています」 旅先からのポストカード

旅先からポストカードを送ります。

¡Hola a todos!
Os escribo desde Ibiza❶. Me encanta esta isla, **es preciosa❷**, con sus pequeñas casas blancas y el mar azul y cristalino en el fondo. **No me extraña que la llamen también "la isla blanca".❸** Además, la gente es muy simpática y en pocos días he conocido a personas de varios países. Ahora mismo estoy en una terraza al lado del mar tomando una cerveza y unas tapas. ¡Qué envidia! ¿verdad?
El tiempo es también perfecto. Todos los días hace un sol increíble, pero con la brisa marina no da tanta sensación de calor y se está muy bien. Estos días he paseado por el casco antiguo de la ciudad, donde está también la catedral y el castillo. Está rodeado por una muralla y es Patrimonio de la Humanidad. La foto de la postal es justamente eso. ¿A que es impresionante?
Mañana voy a alquilar una moto para ir a algunas calas❹ y también quiero hacer unas compras. En Ibiza venden cosas chulísimas. Ya veréis.
Ayana

みんなへ！
イビサからはがきを送ります。❶　私はこの島が大好き！　こぢんまりした白い町並みと真っ青で透き通った海のきれいな所です。❷　別名「白い島」と呼ばれるのもうなずけます。❸　それに、人々はとても親切で、すぐにいろいろな国の人と知り合いになりました。私は今、海辺のテラスでビールとタパスを味わっています。いいでしょ！
天気も最高！　毎日日差しが強いけど、海風のおかげでそんなに暑く感じなくて、とっても気持ちいいんです。この数日で私はカテドラルやお城もある旧市街を散歩してきました。この街は城壁に囲まれていて世界遺産になっています。絵はがきの写真はまさにその場所です。見事な景色でしょ？
明日はレンタルバイクでビーチ巡りをして❹、買い物もしたいと思っています。
イビサでは超カワイイ物が売られているので。お土産楽しみにしててね。
アヤナ

Variaciones　»　バリエーション

❶「イビサからはがきを送ります」
Os escribo desde Ibiza.

¿Sabes dónde estoy? ¡En Ibiza!
どこにいると思う？　イビサ島にいます！

Estoy en Ibiza de vacaciones.
休暇でイビサ島にいます。

❷「きれい（な所）です」
Es preciosa.

Es genial.
素晴らしい。

Es una pasada.
イケてる。

❸「別名『白い島』と呼ばれるのもうなずけます」
No me extraña que la llamen también "la isla blanca".

No es de extrañar que sea conocida también como "la isla blanca".
「白い島」としても有名なのは不思議なことじゃない。

Es normal que la visiten tantos turistas.
観光客が多いのも当然です。

❹「明日はレンタルバイクでビーチ巡りをします」
Mañana voy a alquilar una moto para ir a algunas calas.

Mañana me daré una vuelta por los bares del casco antiguo.
明日は旧市街でバル巡りをします。

Mañana tengo pensado hacer submarinismo.
明日はダイビングをしようと考えています。

¿Sabías que...?　▶▶▶　ポイント

● 動詞の三人称複数形
スペイン語では、主語が誰か分からないときや、主語を特定せず目的語を強調したい場合に使えるさまざまな構文があります。その１つが動詞の三人称複数形です。
En Ibiza venden cosas muy bonitas.
（イビサではとてもすてきな物が売られています）
Han detenido al ladrón de las obras de arte.
（美術品泥棒が捕まった）

73 「誕生日おめでとう！」
誕生日を祝う

誕生日カードを送ります。

¡FELIZ CUMPLEAÑOS, VÍCTOR! ❶

¿Cuántos años cumples ya? ¿33? ¡Cómo pasa el tiempo!
Pero tranquilo, **estás en la mejor época de la vida** ❷, así que disfrútala.
Te deseo salud y felicidad para todo este año. ❸ **Espero también que pases un día maravilloso y lo celebres con todos tus amigos y seres queridos.** ❹
Sigue así y no cambies.
Un abrazo,

Óscar

ビクトル、誕生日おめでとう！❶
何歳になった？ 33歳？ 時が経つのは早いね！
でもまあ、今が人生で一番いい時❷だから楽しんでね。
この1年、君が健康でかつ幸せでいられるよう願っています。❸ それから今日が素晴らしい1日になって、友人や大好きな人たちと共に祝えますように。❹
これからもそのまま、変わらない君でいてね。
ハグを送ります。
オスカル

Variaciones　»　バリエーション

❶「ビクトル、誕生日おめでとう！」
¡Feliz cumpleaños, Víctor!

¡Muchas felicidades, Víctor!
ビクトル、本当におめでとう！

¡Muchas felicidades en el día de tu cumpleaños, Víctor!
ビクトル、幸せいっぱいの誕生日を！

❷「今が人生で一番いい時」
Estás en la mejor época de la vida.

Estos son los mejores años de la vida.
この数年が人生で最高の時だよ。

Los mejores años vienen a partir de ahora.
今からが一番いい時だよ。

❸「この1年、君が健康でかつ幸せでいられるよう願っています」
Te deseo salud y felicidad para todo este año.

Espero que este año esté lleno de salud y felicidad.
元気で幸せいっぱいの年になるといいね。

De todo corazón te deseo lo mejor para este año.
君にとって最高の1年になるよう心から祈っています。

❹「それから今日が素晴らしい1日になって、友人や大好きな人たちと共に祝えますように」
Espero también que pases un día maravilloso y lo celebres con todos tus amigos y seres queridos.

Espero que tengas un día fantástico y te diviertas con tus amigos y familiares.
すてきな1日を過ごして、君が友達や家族とエンジョイできますように。

Pásatelo bien en este día tan especial y tómate una copa a mi salud.
今日という特別な日を楽しんで、僕の分も乾杯しといてね。

¿Sabías que...? ▶▶▶ ポイント

● バースデーカードの表現
バースデーカードで、誕生日を迎える本人の年齢についてよくコメントします。内容は本文の形のほかに、ごく若い人にはYa eres todo un hombre/toda una mujer.（一人前になったね）、女性にはPara ti los años nunca pasan.（いつまでもお若いですね）、50歳を迎える人にはYa has cumplido medio siglo.（もう1世紀の半分歳を取ったね）と書くこともあります。

74 「ハッピーバレンタイン」彼氏・彼女への想いを伝える

バレンタインにカードを送ります。

¡FELIZ DÍA DE SAN VALENTÍN!

Mi amor:

Hoy es un día especial para todos los enamorados, porque está dedicado a la persona que queremos y con la que deseamos compartirlo todo. Aun así, **para mí cada día es especial desde el día en que te conocí.** ❶
Llegaste cuando creía que ya no podía enamorarme de nuevo ❷, cuando creía que era ya demasiado tarde, cuando comenzaba a pensar que el amor verdadero no existía, pero aquí estás, a mi lado, en mi compañía, juntos.
Los momentos que paso contigo son mágicos ❸, el tiempo parece detenerse, pero a la vez pasa tan rápido que no puedo sino contar los minutos que faltan para volver a verte. No hay ni un segundo de mi vida que no piense en ti.
Solo con ver tu sonrisa y escuchar tu voz soy la persona más feliz del mundo ❹, y no quiero perderte nunca.
Te quiero mucho, cariño.
Lucas

ハッピーバレンタイン！
愛する人へ
今日は恋人たちにとって特別な1日だよね。だって愛する人、一緒にすべてを分かち合いたいと思う人に捧げる日だから。でも僕にとっては、君と出会った日から毎日が特別なんだ。❶
もう二度と恋なんてできないと思っていた時に君は現れた。❷　もう遅すぎると思っていた時に。真の愛なんて存在しないって考え始めていた時に。でも、君は今ここに、すぐそばに、僕の隣に、一緒にいる。
君と過ごす時間は魔法のようだ。❸　時が止まったかのような、それでいて瞬く間に過ぎていき、また次に会える時が待ち遠しくてしかたない。一瞬でも君を想わない時なんてないよ。
君の笑顔を見て、声を聞けたら、僕は世界で一番幸せだ。❹　君を永遠に失いたくない。
大切な君、愛してる。
ルーカス

Variaciones　》　バリエーション

❶「僕にとっては、君と出会った日から毎日が特別なんだ」
Para mí cada día es especial desde el día en que te conocí.

Todos los días son únicos y especiales desde que te conozco.
君と出会ってから、毎日が貴重で特別なものになった。

Cada día es como un sueño desde el día en que te vi por primera vez.
君と初めて会った日から、1日1日が夢のようだ。

❷「もう二度と恋なんてできないと思っていた時に君は現れた」
Llegaste cuando creía que ya no podía enamorarme de nuevo.

Apareciste cuando en mi corazón estaba a punto de borrarse la palabra "amor".
僕の心から「愛」という言葉が消えかけた時、君は現れた。

Te conocí cuando ya había decidido darle la espalda al amor.
僕が恋愛に背を向けようと決めた時、君に出会った。

❸「君と過ごす時間は魔法のようだ」
Los momentos que paso contigo son mágicos.

Cada segundo que paso a tu lado es como un sueño.
君のそばで過ごすすべての瞬間が夢みたいだ。

El tiempo que estamos juntos es lo más valioso que tengo.
一緒にいる時間は僕にとってかけがえのないものだ。

❹「君の笑顔を見て、声を聞けたら、僕は世界で一番幸せだ」
Solo con ver tu sonrisa y escuchar tu voz soy la persona más feliz del mundo.

Cuando te veo sonreír y escucho tu voz me siento la persona más afortunada del mundo.
君の笑顔を見たり声を聞いたりできる時、僕は誰よりも幸運な人間だと感じるよ。

Cada sonrisa que me regalas, cada palabra que me dedicas, no puedo sino sentirme la persona más feliz del mundo.
君に笑顔をもらう度、君の言葉を浴びる度、僕は世界一幸せだと思わずにいられない。

> **¿Sabías que...?　▶▶▶　ポイント**
>
> ● 愛の表現
> La felicidad es una palabra de nueve letras, pero la mía se resume en dos: "tú". (「幸せ (felicidad)」は9文字だけど、僕の幸せは2文字で書ける。「きみ (tú) だよ」などがある。

75 「メリークリスマス！」クリスマスと新年を祝う

クリスマスカードを送ります。

Queridos Manuel y Silvia: ❶

Os deseo una Feliz Navidad y un Próspero Año Nuevo a vosotros y a todos vuestros seres queridos.❷ Espero que el nuevo año os traiga salud, paz e ilusión❸, y que paséis unas fiestas llenas de alegría y felicidad.❹

Con cariño,

Mami

マヌエル＆シルビアへ❶
あなた方と大切なご家族の皆さまに、メリークリスマス！ そして、良いお年を。❷ 皆さまが、新たな年を健康と平和、希望と共に迎えられ❸、喜びと幸せに満ちた休暇を過ごせますように。❹
愛をこめて。
マミ

Variaciones　»　バリエーション

❶「マヌエル&シルビアへ」

Queridos Manuel y Silvia:

Estimados Manuel y Silvia:
親愛なるマヌエルとシルビアへ

Familia Sánchez-Ramos:
サンチェス・ラモス家の皆さまへ

❷「あなた方と大切なご家族の皆さまに、メリークリスマス！　そして、良いお年を」

Os deseo una Feliz Navidad y un Próspero Año Nuevo a vosotros y a todos vuestros seres queridos.

Te deseo una Feliz Navidad y un Próspero Año Nuevo a ti y a todos tus seres más allegados.
あなたと大切なご家族の皆さまに、メリークリスマス！　そして、良いお年を！

Felices Fiestas a toda la familia Sánchez-Ramos y a vuestros seres queridos.
サンチェス・ラモス家と大切な皆さまが、すてきなクリスマスをお過ごしくださいますように。

❸「皆さまが、新たな年を健康と平和、希望と共に迎えられますように」

Espero que el nuevo año os traiga salud, paz e ilusión.

Que este nuevo año que entra llegue cargado de salud, paz e ilusión.
新しい年が健康と平和、希望をもたらしてくれますように。

Ojalá el nuevo año os regale salud, paz y felicidad.
あなたたちにとって、新年が健康と平和、そして幸せに満ちたものとなりますように。

❹「喜びと幸せに満ちた休暇を過ごせますように」

Que paséis unas fiestas llenas de alegría y felicidad.

Que paséis unas Pascuas en el calor de la familia repletas de alegría.
温かいご家族と共に喜びあふれるクリスマスになりますように。

Que seáis felices junto a toda la familia.
ご家族の皆さまと共に幸せに過ごせますように。

¿Sabías que...?　▶▶▶　ポイント

● クリスマスカードと年賀状
　市販のクリスマスカードは、既にメッセージが印字されているので、そこにないコメントを書き加えることが多いです。例えば、¿Cómo estás pasando las Navidades?（クリスマス休暇はどう過ごしてる？）、¿Qué tal las fiestas?（クリスマスを楽しんでる？）などがあります。

76 「結婚式に招待します」
結婚の報告と挙式・披露宴の案内
新郎新婦の両親が結婚式の招待状を送ります。

María Pérez Sánchez　　　Ramón García Solsona
Kumiko Ieda　　　　　　　Toshiyuki Ieda

Nos complace anunciaros a todos el próximo enlace matrimonial de ❶ nuestros hijos

Felipe y Miyuki

e **invitaros a la ceremonia nupcial que tendrá lugar** el sábado 25 de mayo a las 17:00 horas **en ❷** la iglesia de San Blas, Toledo. **Posteriormente nos trasladaremos al restaurante** "La Lonja", situado en la calle Conde de Orgaz número 36, **para celebrar el banquete. ❸ Esperamos que podáis compartir con nosotros este día tan señalado. ❹**

Se ruega confirmar asistencia.

マリア・ペレス・サンチェス　　ラモン・ガルシア・ソルソナ
　クミコ・イエダ　　　　　　　　トシユキ・イエダ

私どもの　息子　フェリペ　および　娘　ミユキ
の結婚についてご報告する❶と共に
5月25日（土曜日）17時より　トレド市　サン・ブラス教会　にて行う結婚式に
皆さまをご招待いたします❷
引き続き　レストラン「ラ・ロンハ」（コンデ・デ・オルガス通り36番地）にて
披露宴を催します❸
この特別な日を共にお過ごしいただければ幸いです❹
ご都合のほどをお知らせくださるようお願い申し上げます

Variaciones　》》　バリエーション

❶「…の結婚についてご報告します」

Nos complace anunciaros a todos el próximo enlace matrimonial de...

Es un placer para nosotros anunciar la boda de...
このたび晴れて結婚することになりました。

Tenemos el gusto de comunicaros nuestro enlace matrimonial.
このたび結婚することを喜びと共にお知らせします。

❷「…にて行う結婚式に皆さまをご招待いたします」

Invitaros a la ceremonia nupcial que tendrá lugar en...

Invitaros a la ceremonia religiosa que se celebrará el...
（…日）に行う結婚式に皆さまをご招待いたします。

Nos gustaría contar con vuestra presencia en la ceremonia que se oficiará el 25 de mayo.
5月25日に行う挙式に皆さまにご出席いただきたく存じます。

❸「引き続きレストラン『…』にて披露宴を催します」

Posteriormente nos trasladaremos al restaurante ... para celebrar el banquete.

A continuación celebraremos el banquete en el restaurante...
引き続きレストラン…にて披露宴を催します。

Seguidamente se celebrará el banquete nupcial en el restaurante...
続いて、レストラン…にて披露宴をもうけます。

❹「この特別な日を共にお過ごしいただければ幸いです」

Esperamos que podáis compartir con nosotros este día tan señalado.

Nos encantaría celebrar con todos vosotros este día tan especial.
皆さまにご出席いただきこの特別な日を共にお祝いしたく存じます。

Deseamos de todo corazón que podáis acompañarnos en este feliz día.
この喜ばしい日に皆さまもどうかご出席くださいますと幸いです。

¿Sabías que...?　▶▶▶　ポイント

● 結婚式の招待状
招待状には、銀行名と口座番号が記載されている場合もあり、招待された人は妥当と思われる金額をそこに振り込みます。通常、友人同士で相談して同じ額にすることが多いです。

コラム5

おめでとうのひと言

　誕生日、妊娠・出産、クリスマスを祝う「おめでとう」のひと言です。どれも短い文章なので覚えておくと便利です。

■誕生日
Muchas felicidades. Espero que pases un día genial.
(おめでとう。素晴らしい誕生日になりますように)

¡Felicidades! ¡Que cumplas muchos más!
(おめでとう！　これからも元気に年を重ねられますように！)

Muchas felicidades de todo corazón.
(幸せいっぱいの誕生日を心から祈っています)

■妊娠・出産
¡Muchas felicidades a la futura mamá! Seguro que será un niño precioso.
(もうすぐママだね、本当におめでとう！　きっと可愛い赤ちゃんが生まれるよ)

Felicidades por este embarazo tan deseado.
(待望の妊娠、おめでとう！)

Vuestra casa se llenará de risas, sonrisas y voces infantiles. ¡Felicidades!
(家中が笑い声とスマイル、子供の声でにぎやかになるね！　おめでとう！)

■クリスマス・新年
Te deseo una Feliz Navidad y un Próspero Año Nuevo.
(楽しいクリスマスと幸多き新年を迎えられますように)
　＊クリスマスと新年を同時に祝うメッセージです。分けて送る場合は、クリスマス当日までは¡Feliz Navidad!、年が明けてからは¡Feliz Año Nuevo!です。

Te deseo que el año que ahora empieza esté repleto de alegrías, salud y felicidad. ¡Feliz Año Nuevo!
(喜びと健康と幸福に満ちた１年となりますように。新年明けましておめでとうございます)

第5章

ショートメッセージ

77 「ご飯でも食べに行かない？」
夕食に誘う

友人に明日夕食に行かないかと誘います。

> ¡Hola!, ¿tenéis planes mañana? Si estáis libres, podríamos ir a cenar a algún sitio.

やあ。明日の予定は？　空いていたら、夕飯でも食べに行かない？

> Vale. Yo puedo a partir de las siete, antes no.

いいね。7時以降ならいつでもいいよ。

> Yo también me apunto.

私も大丈夫。

> ¿Qué os apetece comer?

何か食べたいものある？

> A mí me da igual, lo que queráis.

特に。みんなに任せるわ。

> A mí también, mientras no sea nada crudo.

私も。生もの以外なら何でもいいよ。

78 「どこで食べる？」レストランを決める

スペイン料理レストランを提案します。

> ¿Dónde cenamos? Había pensado en un restaurante indio muy bueno que hay en Yokohama.

どこで食べる？　横浜のおいしいインド料理レストランを考えているんだけど。

> Hmmm, Yokohama, me pilla un poco lejos...

う〜ん、横浜はちょっと遠いかも…。

> A mí la comida picante... no me va mucho.

辛い料理、ちょっと苦手。

> Jaja, vale, no pasa nada. ¿Y "La Tapería" qué tal? Es el restaurante español al que fuimos para celebrar el cumpleaños de Miguel.

そっか（笑）。大丈夫。じゃあ「La Tapería」は？　この前ミゲルの誕生日会の時に行ったスペイン料理のお店。

> Por mí bien. Estaba muy bueno.

私はそこでいいよ。おいしかったよね。

> Sí, a mí me parece bien también.

私もいいと思う。

> Vale, pues reservo mesa para 3 a las ocho. Nos vemos.

じゃあ、8時に3名で予約しておくね。またね。

79 「待ち合わせはどうする？」
待ち合わせについて決める

待ち合わせの時間と場所を調整します。

> ¡Hola! Oye, ¿al final mañana cómo quedamos? ¿Os va bien a las 19:55 delante de la salida 3 de la estación de Yotsuya?

やあ。それで、明日の待ち合わせはどうする？ 19時55分に、四谷駅の3番出口の前は？

> Ah, vale. Perfecto.

うん、いいよ。完璧。

> De acuerdo.

分かった。

> Y no lleguéis tarde.

じゃあ、みんな、遅れないようにね。

> Jajaja. Yo siempre llego puntual.

私はいつも時間通りだから（笑）。

> Sí, claro. Hasta mañana.

はいはい。じゃあ明日。

80 「遅れそう」
遅れることを伝える
待ち合わせに少し遅れることを伝えます。

> ¡Ostras! Me he equivocado de tren... Llego 15 minutos tarde. Perdón.

どうしよう！　電車、乗り間違えた…。15分ぐらい遅れそう。ゴメン。

> Yo salgo ahora del trabajo...

私も今、会社出たところ。

> Para variar jaja. Yo ya estoy aquí. Voy a la librería mientras. Avisadme cuando lleguéis.

やっぱり（笑）。僕はもう着いたよ。本屋で時間つぶしてる。着いたら言ってね。

> ¿Habéis llegado ya?

二人とも着いた？

> No. El tren se ha parado porque ha habido un accidente.

ううん、事故で電車が止まってる。

> Yo tampoco. Ve yendo al restaurante tú si quieres.

私もまだ。よかったら先にお店に行っててていいよ。

> Vale, voy tirando que la reserva es a las ocho.

了解。8時に予約しているから、先に行くね。

81 「着いたよ」
到着していることを伝える
待ち合わせ場所で相手を探します。

> Ya estoy aquí.

着いたよ。

> Yo también he llegado ya.

私も。もう着いてるよ。

> ¿Dónde estás? Hay tanta gente que no te veo.

どこ？　人が多過ぎて分かんない。

> Saliendo de la estación a la derecha, al lado de un señor mayor con un perro.

駅出て右に行った所。犬を連れたおじさんの隣。

> ¡Ah! Ya te he visto. Voy para allí.

見っけ。そっち行きます。

82 「君も来ない？」
お茶に誘う

コーヒーを飲みにカフェに来ないかと誘います。

> ¡Hola! Estoy en Plaza Cataluña con Raúl tomando un café. ¿Te vienes?

やあ。今、カタルーニャ広場でラウルとカフェしているんだけど、君も来ない？

> ¡Uf! Ahora no puedo, que estoy todavía en la oficina. ¿Vais a estar mucho rato?

ふぅ〜、今会社だからムリ。まだしばらくいる？

> No sé, pero un par de horas seguro.

分からないけど、1、2時間はいると思う。

> Vale. Os aviso cuando termine y voy para allá.

了解。終わったら連絡する。で、そっち行くよ。

> Ok.

OK。

83 「引っ越しパーティーに来ない？」
パーティーに誘う

引っ越しパーティーに招待します。

Este sábado voy a hacer la fiesta de inauguración de mi piso. ¿Te apuntas?

今週の土曜日、うちで引っ越しパーティーするんだけど、あなたも来る？

Sí, claro. Eso ni se pregunta. ¿A qué hora?

もちろん。聞かれなくてもね。何時？

A las dos. Luego te paso la dirección nueva.

2時。後で新しい住所をメールするね。

¿Llevo algo?

何か持って行こうか？

La comida ya la preparo yo, así que podrías traer algo de postre.

料理は私が作るから、デザートをお願い。

Vale. ¿Cuántas personas vienen?

了解。何人ぐらい来るの？

Siete u ocho más o menos, contándote a ti.

あなたを入れて7、8人かな。

De acuerdo. Nos vemos el sábado. ¡Qué ganas!

分かった。じゃあ、土曜日に。楽しみ！

84 「最高の1日だったわ」
パーティーのおもてなしに感謝する

引っ越しパーティーで、料理がおいしく楽しかったことを伝える。

> Muchas gracias por la fiesta de hoy. Tienes una casa súper chula y la comida que has preparado estaba buenísima. Me lo he pasado genial.

今日はどうもありがとう。とってもすてきなお家ね。あなたの手料理もすごくおいしかった。最高の1日だったわ。

> Jaja, me alegro de que te lo hayas pasado bien. Ahora ya sabes donde vivo, así que ven cuando quieras.

楽しんでくれてよかった（笑）。私がどこに住んでいるか分かったんだから、いつでも遊びにおいでね。

> Gracias. Y perdona por haberme ido sin recoger nada.

ありがとう。散らかしたまま帰ってゴメンね。

> No pasa nada. Mi casa siempre está hecha un desastre jaja.

気にしないで。うちはいつもあんな感じだから（笑）。

> La próxima vez venid vosotros a casa. ¡Ah! Y dale las gracias también a Luis de mi parte.

今度は私の家にもおいでね。あっ、ルイスにもお礼言っておいて。

201

85 「きっと合格するよ」
受験前日、友人を励ます

DELE 試験の前日、焦っている友人を励まします。

> Mañana tienes el examen del DELE, ¿verdad?

明日、DELE 試験だよね。

> Sí... y lo llevo fatal. No las tengo todas conmigo.

そう…ヤバイ。全然自信ないよ。

> Sí, hombre, sí, que seguro que apruebas. ¡Ánimo!

大丈夫、きっと合格するよ。頑張って！

> Gracias. A ver qué tal me sale.

ありがとう。とりあえずやってみるよ。

> Dime algo cuando termines.

終わったらどうだったか教えてね。

86 「おめでとう！」合格した相手を祝う

DELE 試験に合格したことをお祝いします。

> ¡¡¡He aprobado el DELE!!! No me lo puedo creer.

DELE 試験受かったよ！　自分でも信じられない。

> ¿En serio? ¡¡Felicidades!! ¿Ves como sí? Estaba seguro de que aprobarías.

本当？　おめでとう！　やっぱり受かっただろ。そう思ってたよ。

> Jajaja, gracias, pero la verdad es que ha sido por los pelos.

ありがとう（笑）。正直ぎりぎりだったけどね。

> Bueno, da igual. Lo importante es que has aprobado. Eso hay que celebrarlo.

それでもいいじゃないか。合格することが大事なんだから。お祝いしないとね。

87 「落ちた！」試験の結果を知らせる

友人に DELE 試験に落ちたことを報告します。

> He suspendido el DELE :,(

DELE、落ちちゃったよ（涙）。

> ¡Vaya! Es que es muy difícil.

あららっ！　あの試験難しいもんね。

> Bueno, la verdad es que tampoco había estudiado mucho. La parte escrita la pasé muy justa pero la entrevista…

まあね、正直あんまり勉強してなかったから。筆記試験はギリギリ合格したけど、面接がね…。

> Igual deberías haber practicado más con Carlos, tu profesor.

カルロス先生ともっと練習したらよかったかもよ。

> Sí, creo que sí. Pero a la próxima seguro que apruebo.

うん、僕もそう思う。でも次は絶対合格するぞ。

> ¡Ánimo!

頑張って！

88 「お大事に！」体調の悪い相手を気遣う

風邪をひいた相手を気遣います。

> Perdón, pero desde anoche me duele el estómago un montón y no creo que pueda quedar hoy... No tengo ganas de hacer nada.

ゴメン、昨夜からすごくお腹の調子が悪くて、今日、食事に出掛けるのムリそう…。何もやる気しなくて。

> ¿Eh? ¿Estás bien?

えっ、大丈夫？

> ¿Has comido algo en mal estado?

何か悪いものでも食べた？

> Creo que es un simple resfriado, pero no sé...

多分、いつもの風邪だと思うけど…。

> Bueno, pues cuídate y descansa esta noche. No pasa nada.

お大事に。今夜はゆっくり休んで。こっちは大丈夫だから。

> Si, eso, cuídate. Quedamos otro día y ya está.

ホント気を付けて。また今度集まろうぜ。

89 「良い旅行を！」
旅行に行く友人にメッセージを送る

ベネズエラに旅行に行く友人に、はなむけの言葉を送ります。

> Mañana te ibas a Venezuela, ¿no? ¡Qué envidia!

明日からベネズエラに行くんだったよね。いいなぁ。

> ¡Sí! Estoy haciendo las maletas.

そう！　今、まさに荷造りしてるところ。

> ¿Cuántos días vas a estar?

何日間いるの？

> Dos semanas y pico.

2週間とちょっと。

> Pues quedamos cuando vuelvas. ¡Buen viaje! y ten cuidado, que allí hace mucho calor.

じゃあ、戻ったら会おうね。旅行、楽しんで！　向こうはすごく暑いから気を付けてね。

> Gracias. Espero que tú también pases unas buenas vacaciones.

ありがとう。君もすてきな休暇を過ごしてね。

90 「無事戻ってきた？」
旅行から帰ってきた相手に連絡する

ベネズエラ旅行から戻ってきた友人に、話を聞きます。

> ¡Yee! ¿Qué tal el viaje? ¿Ya has vuelto de Venezuela?

イェーイ。旅行はどうだった？　もうベネズエラから帰ってきた？

> ¡Holaaaa! Sí, volví el martes. El viaje, genial, pero tengo un jet lag…

やあ〜。火曜日に戻ったよ。旅行は最高だったけど、今時差ボケ…。

> Jajaja, ya me imagino. ¿Fuiste a ver el Salto Ángel?

そうだよね（笑）。エンジェルフォールには行った？

> Sí sí. Fui a ver varias cascadas, pero esa fue la que más me impresionó. Por cierto, te he traído un recuerdo, a ver si nos vemos pronto y te lo doy.

うん。いろんな滝を見てきたけど、あそこが一番迫力あるね。ところで、お土産買ってきたから近々会わない？

> ¿En serio?

本当？

> Tampoco te esperes gran cosa jajaja. Es sólo una chorrada.

期待しないで（笑）。大したものじゃないから。

> Gracias. Yo estoy libre este domingo. Avísame si puedes.

ありがとう。私は今週の日曜日空いてるよ。どうするか教えてね。

> Vale. Te lo digo mañana.

了解。明日連絡する。

91 「お迎えに行ってくれる？」
夫に子供のお迎えを頼む

仕事が忙しくて、夫に子供のお迎えを頼みます。

> ¿Estás muy liado?

今忙しい？

> Más o menos. ¿Pasa algo?

まあまあ。どうした？

> Estoy en una reunión y parece que va para largo. ¿Puedes ir tú a recoger a Patricia al colegio? No creo que me dé tiempo.

今会議中で長引きそう。パトリシアの小学校のお迎えに行ってくれる？
私は行けそうにないから。

> Sí, claro. A las 15h, ¿no?

もちろん。15時だよね。

> Sí, siempre la espero a las 15h en la puerta.

いつも15時に校門の前で待ってる。

> De acuerdo. Ya voy yo, tranquila.

分かった。俺が行くから大丈夫だよ。

92 「妊娠しました」
妊娠の報告をする

友人に妊娠したことを知らせます。

> No se lo quería decir a nadie antes de estar segura, pero ahora ya sí. ¡Estoy embarazada!

はっきりするまで誰にも言ってなかったんだけど、私、妊娠したの！

> ¿En serio? ¡Enhorabuenaaaaaa! ¿Para cuándo es?

本当に？　おめでとう！　で、出産はいつなの？

> Para el próximo marzo.

来年の3月。

> ¿Ya sabes si es niño o niña?

男の子？　女の子？

> No, todavía no. Mientras esté sano, la verdad es que no me importa.

まだ分かんない。元気に生まれてくれればどっちでもいいわ。

> Es verdad. Ahora toca cuidarse por dos.

そうよね。これからは二人分のこと考えないとね。

93 「別れちゃった」
彼氏と別れたことを報告する
付き合っていた彼氏の浮気が原因で別れたことを知らせます。

> Te tengo que decir algo... He roto con Luis.

聞いて…ルイスと別れちゃった。

> ¿Y eso? ¿Ha pasado algo?

なんで？　何かあったの？

> Pues que me ha puesto los cuernos con Moeka.

私と付き合っていたくせに、モエカと浮気してたの。

> ¿Moeka la novia de Felipe? Ya le vale. Es lo peor.

あのモエカ？　フェリペの彼女？　それヒドイね。最悪。

> Sí, no me lo puedo creer. Aunque bueno, últimamente se pasaba todo el día enviando emails por el móvil, y yo ya sospechaba algo.

信じられない。まあ、でも最近の彼、こそこそメールしたりして、怪しかったのよ。

> Yo creo que has hecho bien en dejarlo.

別れて正解じゃない？

94 「フリオがテレビに出るって！」驚きのニュースを伝える

知り合いのテレビ出演を伝えます。

> ¿Sabes que hoy a las 22h sale Julio en la tele? Eso no me lo pierdo por nada del mundo jaja.

知ってた？　今日の22時にフリオがテレビに出るって！　これは見逃せないでしょ（笑）。

> ¿Cómo? ¿En qué programa? ¿Y el canal?

そうなの？　何の番組？　何チャンネル？

> En el canal 3. Creo que es un programa especial sobre Salamanca.

3チャンネル。サラマンカの特集番組みたい。

> ¡Qué bien! A ver si puedo volver pronto hoy y lo veo.

スゴイ！　今日は早く家に戻って見ようかな。

> Díselo a los demás también (seguro que les hace gracia).

ほかの友達にも教えてあげて（きっとみんな笑うよ）。

95 「マルタのメールアドレス教えて」 メールアドレスを聞く

知り合いのメールアドレスを教えてもらいます。

¡Hola! ¿Qué tal? ¿Me pasas el email de Marta?

元気？　マルタのメールアドレス教えて？

¡Hola! ¿No lo tienes?

あら！　知らないの？

No, al final se me olvidó pedírselo ayer.

昨日、結局聞き忘れた。

Jaja, eso es el alcohol. Toma, es este: Marta2315@example.ne.es

飲みすぎじゃないの（笑）。はいどうぞ。Marta2315＠example.ne.es。

¡Gracias!

ありがとう！

De nada.

どういたしまして。

96 「レストランの名前を教えて」
お店の名前を聞く

友人に先月一緒に行ったレストランの名前を尋ねます。

> Oye, ¿cómo se llamaba el restaurante mexicano ese al que fuimos el mes pasado?

ねえ、先月一緒に行ったメキシコ料理屋の名前、何だっけ?

> "La Fajita", ¿por?

「ラ・ファヒータ」。なんで?

> Es que este fin de semana viene un amigo a Tokio y me gustaría llevarlo allí. Estaba todo súper bueno.

今週末、東京に友達が遊びに来るから、そこに連れて行きたくて。メチャおいしかったよね。

> Sí, a mí también me gusta. No es demasiado caro y la comida es buena. Seguro que le gusta.

うん。そこ僕も好きだよ。そんなに高くないしおいしかった。きっと友達も気に入ると思うよ。

> Sí, seguro que sí. Por cierto, ¿debería reservar mesa?

だよね。で、予約した方がいいかな?

> Si vais el sábado igual sí, porque siempre está lleno.

うん、土曜日ならそうかもね。いつも混んでいるから。

> Vale, gracias.

了解。ありがとう。

97 「写真見た？」
SNSにアップした写真の件で連絡する
友人に写真共有サービスの写真を見てくれたか確認します。

> ¡Hola! ¿Has visto la foto que he puesto en el Instagram?

ねぇ、インスタグラムにアップした写真見てくれた？

> ¿Cuál de todas? Te pasas el día subiendo fotos jaja.

どの写真？　一日中写真アップしてるじゃん（笑）！

> La del perro.

犬のだよ。

> ¡Ah! Sí, sí. Es muy bonito. ¿Es tuyo?

あー！　見た見た。すっごく可愛いよね。あなたの犬？

> Sí, siempre había querido tener uno. La semana pasada me lo dio un amigo porque su perra había tenido muchos cachorros y no puede hacerse cargo de todos.

そう、ずっと飼いたいと思っててさ。先週友達のところで子犬がたくさん生まれて、全部は面倒見られないからって、ゆずってくれたんだ。

> ¡Qué bien! Aunque un perro da mucho trabajo también.

それはよかったね！　犬の世話も結構大変だけどね。

> Sí, pero no me importa. Me encantan los animales.

まあね、でもそんなの問題ないさ。僕は動物が大好きだから！

98 「車貸してくれる？」
貸してほしいとお願いする

週末に車を貸して欲しいと父親に頼みます。

Papá, ¿puedes dejarme el coche este fin de semana? El mío todavía está en el taller y este sábado tengo que ir a Nagano.

お父さん、今週末、車貸してくれない？ 僕の車まだ修理中なんだけど、土曜に長野に行くことになってるんだ。

Sí, claro. No hay problema.

ああ、もちろん。大丈夫だよ。

Gracias.

ありがとう。

De nada, ¿Cuándo vienes a recogerlo?

気にするな。いつ取りに来るんだ？

¿El viernes por la noche cuando salga del trabajo?

金曜の夜、仕事帰りはどう？

Perfecto. ¿Te quedas a cenar?

いいじゃないか。夕飯も食べてくか？

Esta vez no puedo, que tengo muchas cosas que hacer, pero la semana que viene sin falta.

今回はいろいろやることがあって無理なんだ。でも、来週はぜひ。

99 「寝ちゃってた」
寝落ちして返信が遅れたことを詫びる
友人とやりとりの最中に寝落ちしてしまいました。

> ¡Hola! ¿Al final qué película vamos a ver el domingo?

ねえ！　日曜は結局どの映画を見に行くんだっけ？

> ¿Hola?

あれ？

> ¡Ehhhhhhh! ¿Estás viva?

おーい！　生きてるの？

> ¡Uy! Perdona, ayer me quedé dormida en el sofá y no vi tus mensajes. Podemos ver la última de Spielberg, ¿no?

あっ！　ごめん。昨日ソファーで寝落ちしちゃって、メッセージ見てなかった。スピルバーグの最新作はどう？

> ¡Vale! Además es en 3D, así que seguro que está bien y no te quedarás dormida, jajaja.

いいね！　しかも3Dだから絶対面白いよ。これだったら寝ないんじゃない（笑）？

> Tranquilo, que comiendo palomitas no hay problema.

大丈夫よ。ポップコーン食べながらだったら寝ないから。

100 「あけましておめでとう」新年のあいさつをする

外国に住んでいる友人に新年のあいさつをします。

> ¡¡¡Feliz Año Nuevo!!! Aquí en Japón ya estamos en 20XX.

あけましておめでとう。日本はもう20XX年になったよ。

> Jajaja. Gracias, igualmente. Pues aquí todavía estamos en 20XX. Me has pillado fregando los platos de la comida.

ありがとう(笑)。こっちはまだ20XX年。食事の後片付けやっているところ。

> Bueno, te deseo un buen año a ti y a toda tu familia. Yo estoy ahora en casa de Atsuko con sus padres. ¿Qué planes tenéis para esta noche?

そっかぁ。君やご家族にとって良い年でありますように。僕は今、アツコの家にいて、彼女の両親と一緒だよ。今夜の予定は?

> Gracias. Pues nosotros esta noche hemos quedado con un grupo de amigos para salir de fiesta. Supongo que iremos a alguna discoteca a bailar y beber hasta que nos echen jaja.

ありがとう。そうねぇ、今夜は友達と集まってドンチャン騒ぎかな。クラブに踊りに行って、朝まで飲みまくると思う(笑)。

> ¡Qué bien! Pasadlo bien. Un beso.

いいね! 楽しんでね。じゃあね。

> Vosotros también. Un beso. Dales recuerdos a Atsuko y a sus padres.

あなたたちもね。じゃあね。アツコと彼女の両親によろしく。

場面別表現索引

ここでは、「バリエーション」の主要な見出しをカテゴリ別に配列しています。
「13-❶」は、本文中のメール✉13の「バリエーション」❶にあたります。

アドバイス
君ならどうする？何かアドバイスをくれないかな？ 14 - ❹

謝る
ごめんなさいね ……………………………………… 7 - ❸
到着が遅れるって連絡しなかったこと、申し訳ない 33 - ❶
君の気持ちに応えられなくて申し訳ない ……… 37 - ❸
ご不便をお掛けします ………………………… 67 - ❹
不測の事態により、ご迷惑をお掛けして申し訳ございません ……………………………… 68 - ❸

安否確認
君はもう復活した？僕はまだちょっと二日酔いだけど、大丈夫だよ ……………………………… 8 - ❶
日本で大きな地震が起きたってニュースで知ったよ 28 - ❶
君やご家族はみんな大丈夫かい？ …………… 28 - ❷
今回すごく揺れが激しかったみたい …………… 28 - ❸
君が無事で、君やご家族に大した被害がないといいけど ……………………………………… 28 - ❹
僕たちは大丈夫だよ …………………………… 29 - ❷

祈る
じゃあ、仕事の件、幸運を祈っています …… 18 - ❹
皆さまが、新たな年を健康と平和、希望と共に迎えられますように ……………………… 75 - ❸
喜びと幸せに満ちた休暇を過ごせますように … 75 - ❹

依頼
もし来られないとか、ほかの日がいいって人がいたら、早めに言ってね ………………………… 5 - ❸
それをチェックしてもらえないかしら？ …… 16 - ❷
あなたも結構忙しいと思うけど、時間があればぜひお願いします ……………………………… 16 - ❸
今後はこちらにメールください ……………… 30 - ❸
なるべく早く登録し直してください …………… 30 - ❹
ご対応のほど、どうぞよろしくお願い申し上げます ……………………………………… 40 - ❹
大使館でのビザ申請には…の提出が必要です … 41 - ❸
至急お送りいただけると大変助かります ……… 41 - ❹
私のことをよくご存知でいらっしゃる先生にお願いできればと考えました ……………… 44 - ❷
お引き受けいただけますでしょうか？ ……… 44 - ❸
200ユーロ以下でお願いできればと思います … 48 - ❸

オーシャンビューのシングルルームに宿泊したいと思っています …………………………… 49 - ❸
Wi-Fiで無料のインターネット接続が利用できるか教えてください ……………………… 49 - ❹
ディアゴナル地区で、日当たりが良い所を探しています ……………………………………… 50 - ❷
この条件に見合うマンションの写真と間取り図を送っていただけないでしょうか？ ……… 50 - ❸
（…の）手続きについてもご説明いただけると助かります ……………………………………… 50 - ❹
そこで、…の見積もりをお願いしたいと思います 51 - ❸
以下の通り注文をさせていただきます ……… 52 - ❶
すべて9月8日までに納品していただけますか？ 52 - ❷
お支払いの条件をお知らせ願えますか？ …… 52 - ❸
面接でさらにじっくりお話したいので、事務所までお越しいただきたく存じます ………… 58 - ❸
貴社の皆さまにもお会いできればと願っております ……………………………………… 59 - ❸
ぜひ弊社までご足労いただきたく存じます …… 60 - ❷
ご予定をお聞かせください …………………… 60 - ❸
弊社の住所を添付します ……………………… 60 - ❹
業者を呼んで、修理または交換をお願いできないでしょうか？ …………………………… 69 - ❸
いつ来ていただけるか分かり次第お知らせください ……………………………………… 69 - ❹

祝う
パーティーを開いてにぎやかに祝いたいと思っています ……………………………………… 5 - ❶
結婚おめでとう！ ……………………………… 20 - ❶
お似合いのカップルよ。末永くお幸せにね …… 20 - ❸
二人ともどうかお幸せに ……………………… 20 - ❹
男の子のご誕生、本当におめでとうございます … 22 - ❶
健康で幸運に恵まれるよう祈っています。日々頑張れるようにパワーを送りますね ……… 22 - ❷
ビクトル、誕生日おめでとう！ ……………… 73 - ❶
今が人生で一番いい時 ………………………… 73 - ❷
この1年、君が健康でかつ幸せでいられるよう願っています ……………………………… 73 - ❸
それから今日が素晴らしい1日になって、友人や大好きな人たちと共に祝えますように … 73 - ❹
あなた方と大切なご家族の皆さまに、メリークリスマス！そして、良いお年を ………… 75 - ❷

218

●場面別表現索引●

お悔み
お父様のご逝去に際し、心からお悔やみを申し上げます ……27-❶
私たちのそばから離れてしまったとは、本当に受け入れがたい気持ちです ……27-❷
ご愁傷さまです ……27-❸
おつらい時だと思いますが、あなたとご家族が前を向いて進めるよう、心から祈っています ……27-❹

贈り物をする
生まれたばかりの赤ちゃんに… ……22-❹

驚き
あっという間にまた1年経ったね ……6-❷
すごく驚いているわ ……25-❶

お礼
ご招待ありがとう。もちろん、あなたのパーティーには行くつもりよ ……6-❶
君に昨日のパーティーのお礼を伝えようと思ってメールしてるんだ ……8-❷
そこでまずは、スペイン滞在中に君にお世話になったことを感謝したいと思ってる ……10-❷
君の手助けがなかったら、本当に僕はどうしていたか分からない ……10-❸
おかげで、一生忘れられない素晴らしい経験になったよ ……10-❹
僕たちのことを心配してメールをくれてありがとう ……29-❶
メールをくれて、正直に話してくれてありがとう ……35-❶
そちらでホームステイさせていただくことになり、とてもありがたく思っています ……42-❷
この度は貴社ブースでご対応くださり誠にありがとうございました ……51-❶
…の求人にご応募いただき、ありがとうございます ……58-❶
その節は大変お世話になり感謝申し上げます ……61-❶

感想
すてきなお洋服ね！ ……9-❸
さっそく着せてみたらすごく似合ってたわ！ ……9-❹
読んだら感想を聞かせてね ……31-❹

感動
きれい（な所）です ……72-❷
別名『白い島』と呼ばれるのもうなずけます ……72-❸
明日はレンタルバイクでビーチ巡りをします ……72-❹

希望・期待
あなたにとっても会いたいわ ……12-❹
貴社の皆さまにもお会いできればと願っております ……59-❸

気持ち
この数週間は本当に最悪だったの ……4-❷
最高に楽しかった ……8-❸
僕とすごく気が合って、まるで昔からの知り合いみたいだった ……8-❹
だってとってもカワイイんだもの！ ……9-❷
家に着いてすぐベッドに直行した。めっちゃ疲れたよ ……10-❶
あなたのメールを読んでどんなにうれしかったか分かる？ ……12-❶
あなたにとっても会いたいわ ……12-❹
本当に残念。あなたに会いたかったわ ……13-❷
アベルの件はすごく大変だね、君の気持ちが分かるよ ……15-❶
もしできなくても気にしないでね ……16-❹
もちろん書類の件は協力するわ。心配しないで ……17-❷
私、こういうの苦手なんです ……22-❸
後はカズキがこの事を理解してくれればいいんだけどね ……24-❹
もう！一体どこにいるの？ ……32-❶
何の連絡もないじゃない！ ……32-❷
いつも同じことやらかすよね ……32-❸
もううんざり ……32-❹
あなたのことがだんだん好きになり始めています ……36-❶
いくらやめようとしても、あなたのことばかり考えてしまいます ……36-❷
あなたと離れて初めて気が付きました ……36-❸
私とお付き合いしてもらえませんか？ ……36-❹
友達の一人としてしか見られない ……37-❶
君は誰もが一緒にいたいと思うほどすてきな女性です ……37-❷
君の気持ちに応えられなくて申し訳ない ……37-❸
本当に君のこと傷付けたくないんだ ……37-❹
僕にとっては、君と出会った日から毎日が特別なんだ ……74-❶
もう二度と恋なんてできないと思っていた時に君は現れた ……74-❷
君と過ごす時間は魔法のようだ ……74-❸
君の笑顔を見て、声を聞いたら、僕は世界で一番幸せだ ……74-❹

近況を尋ねる
君の方はどうだい？ ……1-❷

近況報告
こっちは相変わらずだよ ……1-❸
そうだね、今度会って近況を報告し合おうよ ……2-❹
アレハンドラが生まれてから1分たりとも自由がないの ……9-❶

計画・予定
数週間メキシコに行こうかと考えているの ……11-❷

219

何かしたいことある？ ················· 12 - ❸
残念ながら、個人的な理由でやむを得ず予約をキ
　ャンセルいたします ················· 46 - ❷
でもその代わり、3月に…したいと思っています 46 - ❸
それは可能ですか？ ················· 46 - ❹
3日（水曜）または4日（木曜）の17時ではいか
　がでしょうか？ ··················· 58 - ❹
お手数ですが、お伺いするのにご都合の良い日を
　お聞かせくださいますか？ ············ 59 - ❹
ご予定をお聞かせください ··············· 60 - ❸

断る
本当はすごく参加したい ················ 7 - ❶
ごめんなさいね ····················· 7 - ❸
残念ながら今回は協力してあげられないわ ······ 18 - ❶

誘う
パーティーを開いてにぎやかに祝いたいと思って
　います ·························· 5 - ❶

賛成・反対
もちろん私の家に何日でも泊まっていいよ ······ 12 - ❷
確かに、観光オフィスの話はすごく良さそうね！ 17 - ❶

残念
本当に残念。あなたに会いたかったわ ········ 13 - ❹
（ご連絡差し上げるのは）住民の大半が分別に無頓
　着だからです ···················· 71 - ❶
近所の人がゴミをすべて同じコンテナに捨てるの
　を見ない日はありません ·············· 71 - ❷
この件に関してまったくご対応いただいておりま
　せん ··························· 71 - ❸

自己紹介
私は京王大学の学士号（生物学）を持っています 40 - ❷
DELEのB2に合格しています ············· 40 - ❶
スペイン語の勉強を始めて3年になります ······ 42 - ❸
多くを学んでスペイン語を上達させたいと思って
　います ·························· 42 - ❹
私は、情報の収集や分析を得意としております 57 - ❸
弊社は、…を取り扱っております、…と申します 59 - ❶

事務連絡
…（のご注文における）クレームについてご返信
　いたします ······················· 55 - ❶
明らかに弊社の不手際です ··············· 55 - ❷
配送のどの時点で発生したか調査します ······· 55 - ❸
弊社を代表し、ご迷惑をお掛けしたことをお詫び
　申し上げます ····················· 55 - ❹
つきましては、私の通常の料金および支払条件は
　以下の通りです ···················· 62 - ❸
口座情報は後日お知らせします ············ 62 - ❹

夏季休暇のため… ··················· 67 - ❶
急用の場合は…までご連絡くださいますようお願
　いいたします ····················· 67 - ❷
メールでの問い合わせにつきましては、できる限
　り速やかに対応させていただきます ······· 67 - ❸

承諾
ご招待ありがとう。もちろん、あなたのパーティー
　には行くつもりよ ··················· 6 - ❶
もちろん書類の件は協力するわ。心配しないで 17 - ❷
本件をお引き受けしたく存じます ·········· 62 - ❷

商品・サービスについて
…の注文に関してご連絡いたします ········· 54 - ❶
小包を開けるとCDが半分に割れていました ···· 54 - ❷
初めからそうだったのかは不明です ········· 54 - ❸
どうしたら交換できるか教えていただけますか？ 54 - ❹
…（のご注文における）クレームについてご返信
　いたします ······················· 55 - ❶
明らかに弊社の不手際です ··············· 55 - ❷
配送のどの時点で発生したか調査します ······· 55 - ❸
弊社を代表し、ご迷惑をお掛けしたことをお詫び
　申し上げます ····················· 55 - ❹
未だに商品が届いていません ············· 56 - ❶
…（日）以内に小包を届けると約束されています 56 - ❷
適切に注文がなされているかご確認いただけます
　か？ ··························· 56 - ❸
今回のトラブルを解決していただければと思います 56 - ❹
この度、ペルー旅行に関して不満があり、ご連絡
　いたします ······················· 70 - ❶
まず、飛行機が約24時間遅れて出発しました 70 - ❷
驚いたことに、ランクの低い所に連れて行かれま
　した ··························· 70 - ❸
貴社に賠償を要求します ················ 70 - ❹

心配
それだけならいいけれど ················· 3 - ❸
とにかく、できる時でいいから返事ちょうだいね。
　私って心配性なのよ ·················· 3 - ❹

スケジュール
いつまでに必要か教えて。間に合わせるから ····· 17 - ❸

すすめる
あなたにぜひ読んでほしいな ············· 31 - ❸

相談
数週間メキシコに行こうかと考えているの ····· 11 - ❷
どうかしら？ ······················ 11 - ❸
最近ちょっとした悩みがあって君に相談したいんだ 14 - ❶
実は、彼が昼食や夕食の後ちっとも皿洗いをしな
　くて、いつも同じ言い訳をするんだ ······· 14 - ❷

●場面別表現索引●

このことはもう何度も彼に言ったけど、これ以上
　どうしたらいいのか分からなくて ……………… 14 - ❸
君ならどうする？何かアドバイスをくれないかな？
　…………………………………………………………… 14 - ❹
それをチェックしてもらえないかしら？ ……… 16 - ❷
ちょっと問題が起きて、話を聞いてくれる人がほ
　しかったの ……………………………………… 24 - ❶
一番良いのはレベルを落として、文法の復習をす
　ることではないかと思います ………………… 43 - ❸
これがベストだと思われますか？ ……………… 43 - ❹
この度の変更をご承諾いただけるかどうか、ご確
　認願います ……………………………………… 68 - ❹
お手数ですが、何か対策を取っていただけないで
　しょうか？ ……………………………………… 71 - ❹

都合
みんなの都合はどうかな？ ……………………… 5 - ❷
もし来られないとか、ほかの日がいいって人がいた
　ら、早めに言ってね …………………………… 5 - ❸
日にちと場所はいいよ …………………………… 6 - ❸
ちょうど5月はひと月インターンシップでコスタ
　リカにいます …………………………………… 7 - ❷
この日程であなたの都合が良いかどうか教えてね 11 - ❹
今かなり焦っているところ ……………………… 18 - ❷

提案
それはともかく、これは解決できる些細な問題だと
　思うよ …………………………………………… 15 - ❷
僕が思うに、君たち二人で話し合って、家の中での
　ルールを決めたらどうかな …………………… 15 - ❸
どう、ちょっとは君の役に立てたかな？改善する
　といいね ………………………………………… 15 - ❹
もし良かったら、私の代わりにたぶんルシアが書類
　を直してくれると思う ………………………… 18 - ❸
ねえ、そう怒らないで、行こうよ ……………… 33 - ❹
これぐらいしかできないけど ……………………… 34 - ❹
私とお付き合いしてもらえませんか？ ………… 36 - ❹
3日（水曜）または4日（木曜）の17時ではい
　かがでしょうか？ ……………………………… 58 - ❹
お手数ですが、お伺いするのにご都合の良い日を
　お聞かせくださいますか？ …………………… 59 - ❹
…にて行う結婚式に皆さまをご招待いたします … 76 - ❷
引き続きレストラン『…』にて披露宴を催します 76 - ❸
この特別な日を共にお過ごしいただければ幸いです 76 - ❹

問い合わせ
お尋ねいたします ………………………………… 38 - ❶
貴校のインテンシブ・コースに興味があります … 38 - ❷
コースに参加するにはレベルチェックを受ける必
　要がありますか？ ……………………………… 38 - ❸
クラスの内容について教えていただけると助かり
　ます ……………………………………………… 38 - ❹

貴校のスペイン語コースを受講します ………… 39 - ❶
宿泊先としてどのような選択肢があるか情報をい
　ただければと思います ………………………… 39 - ❷
朝と夜の2食付を希望します …………………… 39 - ❸
この件に関して教えていただけますか？ ……… 39 - ❹
ご対応のほど、どうぞよろしくお願い申し上げま
　す ………………………………………………… 40 - ❹
夕食のメニューは何ですか？ …………………… 45 - ❸
質問ばかりで申し訳ありません ………………… 45 - ❹
でもその代わり、3月に…したいと思っています 46 - ❸
それは可能ですか？ ……………………………… 46 - ❹
航空券を予約したいので、貴代理店にご連絡して
　おります ………………………………………… 47 - ❶
この日付でどの便が空いているか教えていただけ
　ますか？ ………………………………………… 47 - ❷
20kg以下のスーツケースを1個と手荷物を1個
　だけ持っていきます …………………………… 47 - ❸
どのような支払方法がありますか？ …………… 47 - ❹
お手数ですが、…の金額を教えてもらえますか？ 48 - ❷
場外から飲食物の持ち込みはできますか？ …… 48 - ❹
上記の日程で空いているお部屋はありますか？ … 49 - ❸
Wi-Fiで無料のインターネット接続が利用できるか
　教えてください ………………………………… 49 - ❹
ディアゴナル地区で、日当たりが良い所を探して
　います …………………………………………… 50 - ❷
この条件に見合うマンションの写真と間取り図を
　送っていただけないでしょうか？ …………… 50 - ❸
（…の）手続きについてもご説明いただけると助か
　ります …………………………………………… 50 - ❹
そこで、…の見積もりをお願いしたいと思います 51 - ❸
納品にはどれくらいのお日にちがかかりますか？ 51 - ❹
お支払いの条件をお知らせ願えますか？ ……… 52 - ❸
入金の確認ができておりません ………………… 53 - ❶
お支払い期限は、今月15日でした …………… 53 - ❷
今回発注分の請求書のコピーを添付します …… 53 - ❸
メキシコ料理教室に、私と友人3名で申し込みた
　いと思います …………………………………… 63 - ❶
料理教室はスペイン語ですか、それとも日本語の
　説明もありますか？ …………………………… 63 - ❸
何か教室に持参すべきものはありますか？ …… 63 - ❹
ウェブサイト『AMIGOS』で先生の広告を拝見し、レッ
　スンをお願いしたくメールを差し上げています 64 - ❶
毎週決まった時間に授業に出ることができない … 64 - ❷
会話を強化したい ………………………………… 64 - ❸
ご希望の（場所）で… …………………………… 64 - ❹
3月16日から昨日19日まで貴ホテルに宿泊して
　いました ………………………………………… 65 - ❶
ご連絡を差し上げたのは、カメラが部屋になかった
　かどうかお伺いしたいからです ……………… 65 - ❷
どうしたら受け取れますか？ …………………… 65 - ❸
送料は私が負担します …………………………… 65 - ❹
2週間前に（…を）メールでお願いしたのですが 66 - ❷

》　》》　》》》　221

それは届いていますか？ ……………………………… 66 - ❸
こちらに何もご返信がないので… ………………… 66 - ❹
エアコンから少し変な音が出ています ………… 69 - ❶
リモコンの電池を替えてみましたが… ………… 69 - ❷
業者を呼んで、修理または交換をお願いできない
　でしょうか？ ……………………………………………… 69 - ❸
いつ来ていただけるか分かり次第お知らせください 69 - ❹

同意
メキシコ勤務もきっといい経験になると思うよ …… 2 - ❸
こんなについてないなんて、嘘みたいでしょ？ …… 4 - ❸

慰め・はげまし
大丈夫？ ………………………………………………………… 3 - ❷
アベルの件はすごく大変だね、君の気持ちが分かるよ 15 - ❶
体調はどう？ ……………………………………………… 23 - ❶
あなたの娘のカルメンのがうつったのかな？ …… 23 - ❷
早く良くなってね ……………………………………… 23 - ❸
いつでも言ってね ……………………………………… 23 - ❹
今は、すべて絶望的に思えてどうしていいか分から
　ないかもしれない ……………………………………… 25 - ❷
ポジティブな面を見るようにしてね ……………… 25 - ❸
時間が経てばもっと違った見方ができるようになる
　はずよ ……………………………………………………… 25 - ❹
気にしなくていいよ、大丈夫 ……………………… 35 - ❷
物をなくすって誰にでもあるし ……………………… 35 - ❸
これでチャラってことで ……………………………… 35 - ❹

念を押す
じゃあ、書類を待ってるね ………………………… 17 - ❹
宿泊先のことは心配しなくていいからね ……… 19 - ❹

初めての連絡
お尋ねいたします ……………………………………… 38 - ❶
貴校のスペイン語コースを受講します ………… 39 - ❶
…を通じてあなたのEメールアドレスを知りました 42 - ❶
そちらにホームステイさせていただくことになり、
　とてもありがたく思っています ………………… 42 - ❷
弊社は、…を取り扱っております、…と申します 59 - ❶
同僚の…より、貴社にて…（である）ことを伺い
　ました ……………………………………………………… 62 - ❶
ウェブサイト『AMIGOS』で先生の広告を拝見し、
　レッスンをお願いしたくメールを差し上げています 64 - ❶

話を切り出す
こちらはちょっと大変なことが起きました ……… 13 - ❶
君に言わなければならないことがあるんだ… …… 34 - ❶
重ねてのご連絡をお許しください ………………… 41 - ❶
お気付きかと思いますが …………………………… 43 - ❶
出願書類を確認したところ… ……………………… 44 - ❶
そちらのホームページで、…と知りました …… 45 - ❶
先週、貴店のホームページで、…を予約しました 46 - ❶

この度は貴社ブースでご対応くださり誠にありが
　とうございました ……………………………………… 51 - ❶
添付の履歴書にありますように… ………………… 57 - ❷

久しぶりの連絡
長い間（1,000年くらい）君にメールしてなかった
　けれど、…たんだ ……………………………………… 1 - ❶
君から連絡もらえてうれしいよ！ ………………… 2 - ❶
久しぶりだね！ …………………………………………… 2 - ❷
まずは、このところずっと連絡せずにごめんなさい 4 - ❶

返事
とにかく、できる時でいいから返事ちょうだいね。
　私って心配性なのよ ……………………………………… 3 - ❹
ご招待ありがとう。もちろん、あなたのパーティー
　には行くつもりよ ……………………………………… 6 - ❶
日にちと場所はいいよ ………………………………… 6 - ❸
本当はすごく参加したい ……………………………… 7 - ❶
もちろん私の家に何日でも泊まっていいよ …… 12 - ❷
メールをくれて、正直に話してくれてありがとう 35 - ❶
友達の一人としてしか見られない ………………… 37 - ❶
…の求人にご応募いただき、ありがとうございます 58 - ❶
…として受け入れるのに十分な経歴をお持ちである
　と考えております ……………………………………… 58 - ❷
面接でさらにじっくりお話したいので、事務所まで
　お越しいただきたく存じます …………………… 58 - ❸
本件をお引き受けしたく存じます ………………… 62 - ❷
こちらに何もご返信がないので… ………………… 66 - ❹

弁明
この数週間は本当に最悪だったの ………………… 4 - ❷
だから君に連絡できなかった ……………………… 33 - ❷
身内に不幸があり ……………………………………… 68 - ❷

報告
実は、私の母に初期の乳がんが見つかり、手術を
　することになったの ………………………………… 13 - ❷
とてもすてきなニュースがあります。ロベルトと
　私は結婚することになりました！ ……………… 19 - ❶
早速、結婚式の日取りも決めました …………… 19 - ❷
もちろん、結婚式にはルイスとあなたを招待したい
　と思っています ……………………………………… 19 - ❸
ついにダビッドが生まれました！ ………………… 21 - ❶
出産に8時間近くかかって、とても疲れたけれど、
　母子共にまったく問題ありませんでした …… 21 - ❷
実はフアンと私は離婚することに決めたんだ …… 24 - ❷
無理してこの状態を続けても仕方がないっていう
　結論に達したわ ……………………………………… 24 - ❸
昨夜、私の父が亡くなったことをお知らせします 26 - ❶
かなり厳しい状態だったので最後はどうすることも
　できませんでした …………………………………… 26 - ❷
道路が陥没しました …………………………………… 29 - ❸

●場面別表現索引●

新たな情報が入ったらすぐに知らせるね ……………29 - ❹
メールアドレスを変更したので皆さんにお知らせ
します ……………………………………………………30 - ❶
君から借りた USB を、どうやらなくしてしまった
ようなんだ ………………………………………………34 - ❷
いろんな所を探しまくったけれど…これ以上探す
当てもなくて ……………………………………………34 - ❸
新コースが始まって以来クラスのペースについて
いくのが困難です ………………………………………43 - ❷
イビサからはがきを送ります ……………………………72 - ❶
…の結婚についてご報告します …………………………76 - ❶
…にて行う結婚式に皆さまをご招待いたします ………76 - ❷
引き続きレストラン『…』にて披露宴を催します ……76 - ❸
この特別な日を共にお過ごしいただければ幸いです ……76 - ❹

待ち合わせ
…レストランの入り口に集まればいいかな？ ……………5 - ❹
27 日にレストランで会おうね ……………………………6 - ❹

結び
時間があったらメールしてね ……………………………………1 - ❹
ご対応のほど、どうぞよろしくお願い申し上げます 40 - ❹
至急お送りいただけると大変助かります ………………41 - ❹
今後とも末永くよろしくお願い申し上げます ………52 - ❹
おそらく何かの行き違いかと存じますが、ご対応
くださいますようお願い申し上げます ………………53 - ❹
ご連絡をお待ちしておりますので、よろしくお願い
いたします ………………………………………………57 - ❹
チームの皆さまと特にバセルガ様によろしくお伝
えください ………………………………………………61 - ❹

メール
何日か前あなたにメールしたけれど、まだ何も返信
がなくて …………………………………………………3 - ❶
これからはもっとメールするって約束するね ……………4 - ❹
ところで、あなたにメールしているのは、すごい
サプライズがあるからです …………………………11 - ❶
僕たちのことを心配してメールをくれてありがとう 29 - ❶
メールアドレスを変更したので皆さんにお知らせ
します ……………………………………………………30 - ❶
以前のアドレスは迷惑メールばかりで、問題が多
かった ……………………………………………………30 - ❷
今後はこちらにメールください …………………………30 - ❸
なるべく早く登録し直してください ……………………30 - ❹

約束
これからはもっとメールするって約束するね ……………4 - ❹
もう二度とこんな事がないように約束するよ ………33 - ❸

用件を切り出す
ところで、あなたにメールしているのは、すごい
サプライズがあるからです …………………………11 - ❶

貴校のインテンシブ・コースに興味があります ……38 - ❷
大学院課程への入学を許可していただきたいです 40 - ❶
まだ貴校から入学許可書をいただいておりません 41 - ❷
（貴店で）フラメンコツアーを企画されている ……45 - ❷
残念ながら、個人的な理由でやむを得ず予約を
キャンセルいたします …………………………………46 - ❷
航空券を予約したいので、貴代理店にご連絡して
おります …………………………………………………47 - ❶
（…戦のチケットを）3枚予約したいのでメールを
差し上げています ………………………………………48 - ❶
貴ホテルにて…日の部屋を予約したいと思います 49 - ❶
中心街にある一人用のマンションを借りたいと思
っています ………………………………………………50 - ❶
貴社商品のクオリティーが非常に素晴らしく、いく
つか（のワイン）に関心を寄せている次第です 51 - ❷
以下の通り注文をさせていただきます …………………52 - ❶
…（媒体名）にて求人情報を拝見し、ご連絡差し
上げております …………………………………………57 - ❶
現在…を探しています ……………………………………59 - ❷
ご連絡を差し上げたのは、カメラが部屋になかった
かどうかお伺いしたいからです ……………………65 - ❷
度々失礼いたします ………………………………………66 - ❶
大変恐縮ですが… …………………………………………68 - ❶
この度、ペルー旅行に関して不満があり、ご連絡
いたします ………………………………………………70 - ❶

予定の変更
こちらはちょっと大変なことが起きました ……………13 - ❶
そんな訳で、今回の旅行はすべて中止することに
なりました ………………………………………………13 - ❸

理由
ちょうど 5 月はひと月インターンシップでコスタ
リカにいます ……………………………………………7 - ❷
実は、私の母に初期の乳がんが見つかり、手術を
することになったの ……………………………………13 - ❷

223

■著者紹介
カルロス・アルバロ・ベルチリ（Carlos Álvaro Verchili）
スペイン語教室リベラルテ、日本大学、セルバンテス文化センター講師。1982年スペイン、カステジョン生まれ。カステジョンのジャウメ1世大学翻訳通訳学部卒業後、バルセロナ自治大学東アジア研究科を首席で卒業。日本語に憧れ2007年に来日、東京外国語大学に1年間留学。趣味は外国語学習、ジム、旅行。

■訳・監修
リベラルテ（Liberarte）／代表：大橋玲子
東京四谷にある少人数でアットホームなスペイン語教室。『耳が喜ぶスペイン語』（三修社）の訳・監修を行う。http://www.liberarte.jp/academia/

■翻訳協力
児玉 さやか
東京外国語大学外国語学部スペイン語専攻卒業。在学中、グアナファト大学（メキシコ）に留学。DELE C2およびスペイン語通訳ガイド資格を取得。現在、実務翻訳を中心にフリーランス翻訳者として活躍中。

■スペイン語校正　　　　　■本文イラスト
Julio Villoria Aparicio　　　Elena Ponce Marimbaldo

■ Agradecimiento especial:（スペシャルサンクス）
Marta Ponce Valverde ／ Juan Manuel Díaz Payán ／ Sara Gómez Gómez

手紙・メールのスペイン語

2015年10月10日　第1刷発行

著　者	カルロス・アルバロ・ベルチリ
訳・監修	リベラルテ
発行者	前田俊秀
発行所	株式会社 三修社
	〒150-0001　東京都渋谷区神宮前2-2-22
	TEL03-3405-4511　FAX03-3405-4522
	http://www.sanshusha.co.jp
	振替 00190-9-72758
	編集担当　安田美佳子
印刷所	壮光舎印刷株式会社

©Carlos Álvaro Verchili 2015 Printed in Japan
ISBN978-4-384-05595-5 C1087

Ⓡ＜日本複製権センター委託出版物＞
本書を無断で複写複製（コピー）することは、著作権法上の例外を除き、禁じられています。本書をコピーされる場合は、事前に日本複製権センター（JRRC）の許諾を受けてください。
JRRC http://www.jrrc.or.jp
e-mail：info@jrrc.or.jp
電話：03-3401-2382

本文デザイン：スペースワイ
カバーデザイン：土橋公政